# AS RELIGIÕES FRENTE
## às crises mundiais contemporâneas:
construindo esperanças

Clélia Peretti

André Phillipe Pereira

(Orgs.)

# AS RELIGIÕES FRENTE
## às crises mundiais contemporâneas:
construindo esperanças

Dados Internacionais de Catalogação na Publicação (CIP)
Angélica Ilacqua CRB-8/7057

As religiões frente às crises mundiais contemporâneas : construindo esperanças / organizado por Clélia Peretti e André Phillipe Pereira. - São Paulo : Paulinas : 2025.
208 p.

ISBN 978-65-5808-360-3

1. Teologia 2. Ciências da religião 3. Religiões 4. Problemas sociais
I. Peretti, Clélia II. Pereira, Phillipe

25-1467                          CDD 230

Índice para catálogo sistemático:
1. Teologia

1ª edição – 2025

| | |
|---:|:---|
| Direção-geral: | *Ágda França* |
| Editor responsável: | *João Décio Passos* |
| Preparação de original: | *Anoar Provenzi* |
| Coordenação de revisão: | *Marina Mendonça* |
| Revisão: | *Sandra Sinzato* |
| Gerente de produção: | *Felício Calegaro Neto* |
| Capa: | *Tiago Parreiras* |
| Ilustração da capa: | *Sérgio Ricciuto Conte* |
| Diagramação: | *Muta Photo & Design* |

*Nenhuma parte desta obra poderá ser reproduzida ou transmitida por qualquer forma e/ou quaisquer meios (eletrônico ou mecânico, incluindo fotocópia e gravação) ou arquivada em qualquer sistema ou banco de dados sem permissão escrita da Editora. Direitos reservados.*

Cadastre-se e receba nossas informações
paulinas.com.br
Telemarketing e SAC: 0800-7010081

**Sociedade de Teologia
e Ciências da Religião — SOTER**
Av. Dom José Gaspar, 500
Coração Eucarístico
PUC Minas, Prédio 4, Sala 119
30535-901 — Belo Horizonte — MG (Brasil)
soter.org.br — soter@soter.org.br

**Paulinas**
Rua Dona Inácia Uchoa, 62
04110-020 – São Paulo – SP (Brasil)
📞 (11) 2125-3500
✉ editora@paulinas.com.br

© Pia Sociedade Filhas de São Paulo – São Paulo, 2025

# Sumário

Prefácio .................................................................................7
JALDEMIR VITORIO

Apresentação ......................................................................11
CESAR KUZMA

Religião e esperança em tempos de crise:
reflexões e caminhos para o século XXI ..............................15
CLÉLIA PERETTI E ANDRÉ PHILLIPE PEREIRA

**PARTE I**
Panorama atual das tendências e fundamentos religiosos no Brasil

1. Avanço do tradicionalismo/fundamentalismo
na conjuntura eclesial atual ..............................................23
JOÃO DÉCIO PASSOS

2. Despatriarcalizar o sagrado: uma análise, a partir da teologia política
decolonial, da violência religiosa contemporânea ...............45
RICARDO GONÇALVES CASTRO

3. De pesadelos apocalípticos a sonhos de domínio:
expectativas escatológicas pentecostais entre crenças e práticas ..............59
DANIEL ROCHA

4. Epistemologias teológicas e lugares sociais da religião:
a rebelião contra a igualdade humana ................................73
JUNG MO SUNG

5. Religiões no atual cenário mundial: sinais de esperança
numa era de trevas ............................................................91
PEDRO A. RIBEIRO DE OLIVEIRA

## PARTE II
### Sessenta anos do Concílio Vaticano II

1. Vaticano II: Sessenta anos de avanços, recuos e esperanças............ 111
MARIA CLARA BINGEMER

2. Prospectivas abertas pelo pontificado do Papa Francisco.............. 123
DOM JOAQUIM GIOVANI MOL GUIMARÃES

## PARTE III
### Quarenta anos da Soter

1. Horizontes da memória que falam ao presente:
a Soter aos quarenta anos............................................................... 161
MARCIO FABRI DOS ANJOS

2. A Soter aos quarenta anos: congressos, publicações e diretorias....... 175
PAULO AGOSTINHO N. BAPTISTA

3. Soter: uma necessidade e um sonho...................................... 187
LUIZ CARLOS SUSIN

4. Os quarenta anos da Soter: memória e reflexão.................. 201
PAULO FERNANDO CARNEIRO DE ANDRADE

# Prefácio

JALDEMIR VITORIO[1]

A Soter, nos seus quarenta anos de caminhada, se defronta com a temática que lhe toca mais de perto e lhe interessa: a fé e o desafio de a religião contribuírem com o discernimento dos bons enquanto comprometidas em pensar os rumos da humanidade e, com suas epistemologias peculiares, mostrarem seu potencial de construir esperança. A teologia e as ciências da religião são os pontos de convergência de seus membros, com suas múltiplas cosmovisões e pertenças eclesiais; variadas ideologias e engajamentos sociopastorais; diferentes idades, etnias, culturas, gêneros, regionalidades e culturas. A feição polifacetada da Soter defronta-a com o dever de criar canais de interação entre seus membros, de modo a superar a tentação da intolerância e da estreiteza de horizontes, e se abrir para o diálogo, o ecumenismo e o respeito ao outro e ao diferente. Os congressos anuais se tornaram ponto privilegiado para mostrar seu rosto de entidade plural, preocupada com os destinos da fé e da religião num mundo em processo acelerado de mudança, com incidência em cada ser humano, para o bem e para o mal.

Ao longo dos tempos, as religiões têm se mostrado incapazes de cumprir seu papel, quando muitos de seus adeptos, cultivando

---

[1] Possui doutorado em Teologia pela Pontifícia Universidade Católica do Rio de Janeiro, além de mestrado em Sagrada Escritura pelo Pontifício Instituto Bíblico de Roma. Graduou-se em Filosofia pela Faculdade de Filosofia Nossa Senhora Medianeira, em São Paulo, e em Teologia pela Pontifícia Universidade Católica do Rio de Janeiro. É integrante do Grupo de Biblistas Mineiros, da Comissão de Teólogos Jesuítas da América Latina e da Sociedade de Teologia e Ciências da Religião (Soter), entidade na qual já exerceu a presidência. Atualmente, atua como Diretor do Departamento de Teologia da Faculdade Jesuíta de Filosofia e Teologia (Faje), em Belo Horizonte, onde também exerce a função de professor titular. E-mail: jaldemir.vitorio@faje.asav.org.br

a imagem de um deus intolerante, violento e vingativo, tornam-se promotores de crises, cujas primeiras vítimas são os mais pobres. Trata-se com frequência dos deuses dos ricos e poderosos que, movidos por ideologias nefandas, inescrupulosamente se apresentam como defensores de suas religiões. Nesse rol se incluem todas as religiões, pois em todas elas, sem exceção, podem existir líderes e membros fanáticos, promotores de ódios, guerras e divisões, sempre "em nome de Deus". A história está recheada de conflitos religiosos, promovidos por indivíduos sedentos de poder, que a mancham de sangue inocente com a eliminação cruel dos adversários.

Em face dessa realidade se postula que as religiões assumam ser contribuidoras da construção da paz e abram horizontes de esperança; e, olhando de uma perspectiva cristã, que as confessionalidades cristãs sejam mais coerentes. O tema – *As religiões frente às crises mundiais contemporâneas: construindo esperança* – impõe-nos a incumbência de pensar a fé e a religião a serviço da justiça e do bem de todas as criaturas. Como a etimologia do vocábulo latino *religio* evoca, as religiões têm como tarefa *religar* os seres humanos entre si e com Deus, o Transcendente, de modo a gerar união de corações, solidariedade compassiva, fraternidade universal, cuidado com os empobrecidos e marginalizados, consciência de que a sustentabilidade da Casa Comum é responsabilidade de todos e todas, enfim, criar condições para o advento do ansiado *shalom*, no qual se respeita a dignidade de cada ser humano, garantindo-lhe o direito de viver com qualidade. Esse é o encargo fundamental de todas as religiões independentemente do nome dado ao Deus a quem adoram.

Esse panorama aponta um duplo fazer para a Soter. O primeiro consiste em se empenhar, no âmbito da teologia e das ciências da religião, para potencializar a identidade das religiões como promotoras de *shalom*, deixando de lado as divergências e investindo no que têm de mais nobre: a fé na Transcendência que descortina o horizonte da harmonia entre povos e nações, para além de suas peculiaridades culturais e históricas, certas de que podem viver como irmãos e irmãs, *fratelli tutti*, na bela expressão de Francisco de

Assis retomada por Francisco de Roma. A vocação-missão de *religar* capacita-as a vislumbrar caminhos de superação para as crises mundiais, quaisquer que sejam suas origens e motivações, ao acreditar no potencial de fazer o bem presente no coração de toda pessoa de boa vontade. As religiões dignas desse nome têm entranhada a certeza de que a convivência fraterna é possível e se empenham de corpo e alma para torná-la realidade com a teimosia abraâmica de quem "espera contra toda esperança", seguro de se tornar "pai de muitas nações" (Rm 4,18).

O segundo confronta a Soter com a urgência de analisar e compreender o fenômeno das religiões no quadro complexo da história, no qual estão em jogo interesses políticos, econômicos, financeiros, ideológicos, culturais dentre outros, com incidência direta nas religiões e suas incontáveis maneiras de se institucionalizarem e marcarem presença na sociedade. Portanto, se se pode falar em crise das religiões, sê-lo-á no âmbito de uma crise civilizatória de espectro amplíssimo do qual nenhuma instituição escapa. Afinal, a religião não é uma bolha atomizada indiferente ao que passa ao redor, pois os adoradores e adoradoras, bem como seus líderes e suas líderes, estão irremediavelmente mergulhados no *mare magnum* de dramas que afetam a humanidade inteira. Em outras palavras, são pacientes e agentes de uma crise avassaladora muito maior. A questão fundamental carente de sempre novas respostas será: que contribuições se esperam das religiões em vista de descortinarem horizontes de esperança num mundo em acelerado e incontrolável processo de mudança?

O profetismo do Papa Francisco, recentemente falecido, serve de paradigma quando o tema é: *As religiões frente às crises mundiais contemporâneas: construindo esperança.* A Soter tem muito em que se inspirar nesse profeta do ecumenismo, do diálogo e da misericórdia. Foi hercúleo seu empenho em unir as Igrejas e as religiões e confrontá-las com a responsabilidade de indicar saídas para as ingentes crises mundiais. Muitas foram as pautas de seu pontificado, com o objetivo de chamar à consciência das Igrejas, bem como dos grandes líderes mundiais, para a urgência da questão climática e da sustentabilidade do Planeta. E mais a tragédia dos migrantes e refugiados, mormente os que perdem a vida tendo o Mediterrâneo como "cemitério", em busca de sobrevivência da fome e da violência em seus países; a catástrofe de milhares de vítimas de guerras insensatas, que se multiplicam incontroladas; a preocupação com o neoliberalismo iníquo gerador de "ricos cada vez mais ricos e pobres cada vez mais pobres"; a proposta de uma nova economia – a *Economia de Francisco* –, sistema calcado na solidariedade fraterna, como alternativa à ganância e à concentração de lucros; a consciência de ser a educação a saída efetiva para as crises mundiais, mobilizando educadores e educadoras humanistas para o *Pacto Educativo Global*; a coragem de propor aos países ricos o perdão das dívidas externas dos países pobres e a criação de um fundo mundial para a eliminação definitiva da fome; o clamor pelo fim da inominável pena de morte; o empenho da via diplomática como canal de construção de espaços de negociação, em vista da construção da paz mormente em situações de guerras, conflitos e crises humanitárias.

Com sua ação incansável, sempre em saída como *Peregrino de Esperança*, Francisco de Roma mostrou como as Igrejas e as religiões podem ter um protagonismo efetivo em meio às crises mundiais contemporâneas. Seu testemunho profético desencadeou a fúria dos conservadores tradicionalistas da Igreja Católica, que não pouparam adjetivos para desacreditá-lo. Entretanto, nada o deteve! Como Jesus, impávido, "passando pelo meio deles, seguiu seu caminho" (Lc 4,30). E, assim, se tornou uma referência cristã de ponta, inclusive para os e as participantes do 37º Congresso da Soter, chamados a construir esperança.

# Apresentação

CESAR KUZMA[1]

Desde 1985, a Soter tem se apresentado como uma voz importante em defesa de pontos fundamentais e necessários à sociedade. Impulsionada pelo espírito da Teologia da Libertação, passa a reunir um grupo de teólogos, teólogas e cientistas da religião, sendo para eles/elas e para as instituições de ensino e pesquisa em que eles/elas atuam ou representam, bem como para as pastorais, igrejas, movimentos sociais e demais comunidades um espaço de diálogo e de atenção às grandes urgências. No avançar dos anos, a teologia e os estudos ligados à religião no Brasil foram se solidificando, e nomes importantes surgiram, a Soter e seus pesquisadores/pesquisadoras tornaram-se referências nacionais e globais, o que despertou apreço e atenção de outras associações internacionais e novos grupos e projetos surgiram em parceria com a Soter e com seus pesquisadores e pesquisadoras. Podemos afirmar, com certeza, que o nome da Soter é conhecido no espaço teológico global e que ela é uma voz de referência, levando em suas publicações e eventos pautas do Sul-Global, temas de atualidade e de diálogo interdisciplinar e intergeracional.

Desse modo, mantendo-se fiel à sua tradição, no ano em que comemora quarenta anos de sua fundação, a Soter decide abordar a temática da esperança em um mundo marcado por crises mundiais e locais, que interpelam as religiões, os estudos sobre elas e suas

---

[1] Doutor em Teologia pela Pontifícia Universidade Católica do Rio de Janeiro – PUC--Rio. Mestre em Teologia pela Pontifícia Universidade Católica do Rio de Janeiro – PUC-Rio. Bacharel em Teologia pela Pontifícia Universidade Católica do Paraná – PUC-PR. Professor de Teologia Sistemática no Departamento de Teologia da PUC--Rio – Graduação e Pós-Graduação. Professor e pesquisador do Curso de Teologia e do Programa de Pós-graduação em Teologia da PUC-PR, em Curitiba, e ex-presidente da Soter, para o período de 2016-2022. E-mail: cesarkuzma@gmail.com

diversas implicações, bem como o pensamento e o fazer teológico correspondente. Assim, o livro de 2025, fruto da parceria com Paulinas Editora e organizado por Clélia Peretti, presidente desta atual gestão, e André Phillipe Pereira, membro da diretoria, evidencia esses aspectos e busca ser uma voz de atenção e convocação. Sem a intenção de ser algo definitivo, mas mantendo-se aberto ao diálogo com os demais sócios e sócias da Soter, assim como com toda a comunidade acadêmica e sociedade.

O livro é estruturado em três partes. A primeira apresenta textos que exploram diretamente a temática do congresso, focando no *Panorama atual das tendências e fundamentos religiosos no Brasil*. São apresentados textos que abordam especificamente a temática do congresso, explorando o panorama atual das tendências e fundamentos religiosos no Brasil. Essa seção reúne cinco capítulos: *João Décio Passos* reflete sobre o avanço do tradicionalismo e do fundamentalismo na conjuntura eclesial atual, fenômeno presente nas estruturas da Igreja Católica e na prática de seus membros, mas também observável em outras Igrejas cristãs. *Ricardo Gonçalves Castro* discute a urgência de despatriarcalizar o sagrado, analisando a violência religiosa sob uma perspectiva decolonial. *Daniel Rocha* examina as expectativas escatológicas pentecostais, destacando aspectos apocalípticos que contribuem para uma Teologia do Domínio. *Jung Mo Sung* investiga as epistemologias teológicas e os lugares sociais da religião, apontando como as transformações do mundo influenciam a compreensão das estruturas e espaços religiosos, bem como sua dimensão política. Por fim, *Pedro A. Ribeiro de Oliveira*, ao analisar as religiões no cenário mundial – que ele descreve como uma era de trevas em seu título –, identifica sinais de esperança.

A segunda parte do livro está diretamente ligada à natureza e identidade da Soter, que é herdeira do modo de fazer teologia na América Latina, especialmente no Brasil. Esse modelo de atuação e reflexão tem suas raízes nas Conferências Episcopais do continente e, certamente, no Concílio Vaticano II. A proposta de ecumenismo e diálogo, tão fundamental para a história e identidade da Soter,

APRESENTAÇÃO

também tem sua origem nesse evento da Igreja Católica. Essa seção do livro traz dois textos: o primeiro, de *Maria Clara L. Bingemer*, examina os avanços e recuos do Vaticano II ao longo dos últimos sessenta anos. Inicia com a primazia do antropológico e conclui com os frutos persistentes do Concílio, que encontram, no pontificado de Francisco, importantes desdobramentos e atualizações. O segundo texto é de *Dom Joaquim Giovani Mol Guimarães*, que, seguindo a linha do Concílio, apresenta as perspectivas abertas pelo pontificado de Francisco, destacando a riqueza de suas ações e intenções, das quais somos herdeiros e herdeiras.

Por fim, a terceira parte do livro evidencia a história da Soter, fazendo pulsar sua memória por meio de quatro textos. *Marcio Fabri dos Anjos*, ex-presidente, reflete sobre os horizontes de uma memória que dialoga com o presente. *Paulo Agostinho N. Baptista*, sócio que integrou a diretoria da Soter e coordenou diversos congressos e eventos, destaca em seu texto aspectos específicos como congressos, publicações e gestões da associação. *Luiz Carlos Susin*, também ex- -presidente, apresenta a Soter como uma necessidade e um sonho. Já *Paulo Fernando C. de Andrade*, ao abordar os quarenta anos da Soter, ressalta dados históricos, propondo uma memória que deve se fazer presente e fomentando reflexões que foram e continuam sendo essenciais.

A proposta desta publicação, ao reunir em um único livro os temas tratados no congresso, a questão do Vaticano II e a memória dos quarenta anos da Soter, reafirma a identidade e missão da Sociedade. Ela tem uma voz e ousa expressá-la; está atenta aos grandes eventos que nos impactam e se dispõe ao diálogo; valoriza sua própria história, o que fortalece seu caminhar – ousado, corajoso e, ao mesmo tempo, seguro –, pois se constrói de forma coletiva, somando a contribuição de cada sócio e sócia, bem como daqueles que, conosco, ousam dizer algo ao mundo.

# Religião e esperança em tempos de crise: reflexões e caminhos para o século XXI

CLÉLIA PERETTI[1]
ANDRÉ PHILLIPE PEREIRA[2]

*As religiões frente às crises mundiais contemporâneas: construindo esperanças* é uma obra fruto da reflexão de pesquisadores comprometidos com a análise dos desafios globais que atravessam nosso tempo. Estamos diante de uma era marcada por transformações profundas e crises multidimensionais – ambientais, sociais, políticas e econômicas – que impactam diretamente a vida das pessoas e as estruturas que sustentam a sociedade. Nesse cenário, as religiões assumem um papel essencial, funcionando tanto como espaços de resistência e esperança quanto como agentes de diálogo e transformação social.

A crescente instabilidade global, evidenciada pelo colapso climático, pelo agravamento das desigualdades, pela polarização política e pela erosão dos valores democráticos, intensifica a sensação de incerteza e urgência. Esses desafios não apenas afetam as instituições

---

[1] Doutora em Teologia pela Escola Superior de Teologia EST, São Leopoldo-RS. Pós-doutorado em Fenomenologia no Centro Italiano di Ricerche Fenomenologiche e Pontifícia Universidade Lateranense - Roma. Docente e pesquisadora no Curso do Bacharelado de Teologia e no Programa de Pós-Graduação Mestrado e Doutorado em Teologia – PPGT da PUCRS. Presidente da Soter. E-mail: cpkperetti@gmail.com

[2] Doutor em Teologia pela Pontifícia Universidade Católica do Rio de Janeiro PUC-Rio. Mestre em Teologia pela Pontifícia Universidade Católica do Paraná PUCPR. Bacharel em Teologia pela Pontificia Universitas Lateranensis - Roma/Itália. Bacharel em Teologia pela Pontifícia Universidade Católica do Paraná PUCPR (Reconhecimento no Brasil). Licenciado em Filosofia pela Faculdade Padre João Bagozzi. Licenciado em História e em Pedagoria pelo Centro Universitário Claretiano CEUCLAR. Possuí algumas especializações nas áreas de Educação, Ensino e Teologia. Atualmente é professor de História da Igreja e de Teologia Sistemática. Associado a SOTER desde 2013 e atual tesoureiro. Professor de Teologia da CRB no Regional SUL II da CNBB.

e os sistemas políticos e econômicos, mas também interpelam as tradições religiosas, que se veem diante da necessidade de ressignificar suas narrativas e fortalecer caminhos de esperança em meio à desesperança.

Diante dos desafios globais e da necessidade de cultivar esperança em tempos de crise, a Sociedade de Teologia e Ciências da Religião – Soter promove o 37º Congresso Internacional 2025. Com a proposta de fomentar o diálogo e o intercâmbio acadêmico, o evento incentiva a pesquisa interdisciplinar, o desenvolvimento teológico e dos estudos sobre religião, além de destacar o impacto social gerado pela integração entre diferentes áreas do conhecimento.

O congresso tem como objetivo proporcionar um espaço para debates contemporâneos sobre temas de relevância global, como a crise socioambiental, a relação entre religião e política e o papel das tradições religiosas na construção da paz e da justiça. Esse encontro busca aprofundar a reflexão sobre o papel das religiões na sociedade atual, reunindo pesquisadores e especialistas que analisam as transformações do cenário religioso e suas implicações. Como resultado desse encontro, esta obra reúne as contribuições apresentadas no congresso, estruturadas em três partes que delineiam seus principais eixos de discussão: a análise crítica do cenário religioso contemporâneo, os marcos históricos do pensamento eclesial e a memória institucional dos quarenta anos de trajetória da Soter.

Além de proporcionar um espaço de reflexão, o congresso estimula o pensamento crítico e a inovação, promovendo o contato com novas ideias e abordagens. Essa experiência incentiva os participantes a desenvolverem projetos e iniciativas que impulsionem a transformação social, fortalecendo seu crescimento pessoal e profissional e aprimorando sua capacidade de contribuir positivamente para suas comunidades e para a sociedade como um todo.

A dinâmica do campo das religiões e seus estudos exige uma constante reavaliação dos paradigmas teóricos nas ciências da religião e na teologia, bem como a adoção de abordagens interdisciplinares que dialoguem com outras áreas do conhecimento. Esse movimento de revisão e expansão busca uma compreensão mais profunda das transformações socioculturais, dos impactos das crises globais sobre as tradições religiosas e dos novos desafios éticos emergentes. Assim, a pesquisa acadêmica e a reflexão teológica são continuamente instigadas a reformular metodologias e conceitos, acompanhando as mudanças do cenário religioso e promovendo debates que integram espiritualidade, sociedade e cultura.

Mais do que nunca, o mundo almeja uma racionalidade e uma moralidade coletivas. A busca por sentido, convivência e ética torna-se cada vez mais urgente, levando-nos a nos questionar de que maneira as religiões contribuem para o humanismo do século XXI e em quais condições. Afinal, como bem afirmou André Malraux, este pode ser um século de espiritualidade, ou como sugeriu Sigmund Freud, estaríamos diante do "futuro de uma ilusão"?[3] Quando falamos em religião, de fato, do que estamos tratando? Como definimos uma religião? A resposta para essas questões talvez permaneça em aberto. A própria discussão etimológica do termo nos mostra que o conceito de religião se transforma ao longo da história, refletindo as mudanças sociais e culturais da humanidade. Sendo assim, o que podemos considerar como uma contribuição das religiões para a humanidade neste século XXI? (Houtart, 2002, p. 18-21).

Sob uma perspectiva histórica, as religiões têm sido espaços de resistência, solidariedade e reinvenção do humano diante dos desafios impostos pelas crises. E continuam a desempenhar esse papel. Como destaca Hans Küng, "não haverá paz entre as nações sem paz entre as religiões" (Küng, 1992, p. 146 e 186). "Não haverá sobrevivência do nosso planeta sem um *éthos* (atitude ética) global, sem um *éthos* mundial" (Küng, 1999, p. 168). Essa ideia reflete a necessidade de

---

[3] Sigmund Freud publicou *O futuro de uma ilusão* em 1927, na qual argumenta que as crenças religiosas são ilusões derivadas dos desejos e temores humanos. Ele vê a religião como uma neurose obsessiva coletiva, surgida da necessidade infantil de proteção paterna, transferida para a figura de um Deus todo-poderoso. Freud sugere que, no futuro, a humanidade poderá superar a religião à medida que conquistar maior controle racional sobre a natureza e sobre si mesma.

um compromisso inter-religioso que transcenda divisões e promova valores universais de justiça e convivência.

Nessa mesma linha, Jürgen Moltmann, ao refletir sobre a Teologia da Esperança, enfatiza que a fé não deve ser apenas uma resposta passiva às adversidades, mas uma força ativa de transformação social (Moltmann, 1964). Para ele, a expectativa do futuro não deve servir meramente como consolo, mas como um chamado à práxis comprometida com a renovação da humanidade e com a construção de um mundo mais justo. Essa concepção de esperança dialoga com tradições bíblicas e outras perspectivas teológicas que enxergam a fé como um elemento que impulsiona a história e promove mudanças concretas na sociedade. A esperança, nesse sentido, não é apenas uma virtude individual, mas um princípio coletivo que orienta ações em favor da justiça, da paz e da dignidade humana.

O Jubileu da Esperança, celebrado em 2025, reforça essa visão ao propor um tempo de renovação espiritual e compromisso com valores universais. Inspirado na passagem bíblica "A esperança não confunde" (Rm 5,5), esse Ano Santo convida os fiéis a refletirem sobre a essência da esperança cristã: uma confiança inabalável no amor de Deus, que sustenta e transforma vidas.

A abertura da Porta Santa na Basílica de São Pedro, em Roma, e em outras igrejas ao redor do mundo simboliza esse chamado à conversão e à vivência da esperança como força de transformação. Assim, a esperança não se limita a uma expectativa passiva, mas se traduz em um compromisso ativo com a construção de um mundo mais justo e fraterno. Como destaca Moltmann, a fé deve ser vivida como um impulso para a ação, inspirando iniciativas que promovam a solidariedade e a renovação da humanidade.

Esse conceito ressoa não apenas no âmbito espiritual, mas também na práxis social e política. Paulo Freire, em sua *Pedagogia do oprimido*, destaca a esperança como um elemento essencial na luta por libertação, vinculando-a ao compromisso com a construção de um mundo mais equitativo e inclusivo. De maneira semelhante, Ernst Bloch, em *O princípio esperança* (Bloch, 2005), argumenta que a esperança não é uma ilusão, mas um impulso essencial da ação humana, capaz de transformar utopias em realidade por meio do engajamento coletivo.

Mesmo diante das crises contemporâneas, a esperança religiosa segue sendo um refúgio para milhões de pessoas, permitindo-lhe ressignificar suas experiências e a encontrar força para enfrentar adversidades. Em tempos de incerteza, a fé pode continuar sendo um espaço de construção de sentido e uma fonte de inspiração para transformar o mundo.

Dessa forma, a esperança teológica transcende o âmbito espiritual e se reflete na vida política, social e cultural. Ela inspira movimentos que se recusam a aceitar o *status quo* e que buscam alternativas para superar crises e desigualdades. Em um mundo onde a desesperança se dissemina, a Teologia da Esperança permanece como um impulso essencial, inspirando-nos a cultivar uma fé que não apenas resiste, mas também abre possibilidades concretas de transformação.

Essa perspectiva se expressa na proposta deste congresso, que reafirma a necessidade de uma fé comprometida com uma justiça direcionada aos mais vulneráveis. Aqui, a esperança transcende a mera contemplação e se transforma em uma força ativa, motivando iniciativas concretas voltadas à edificação de um futuro mais digno.

Construir esperanças, como propõe o título deste congresso, ultrapassa a dimensão teológica – trata-se de um imperativo ético e político. É um compromisso com a vida em sua plenitude, uma responsabilidade que deve ser assumida coletivamente por igrejas, academias, comunidades e todos aqueles que não aceitam a desesperança como destino.

As tradições religiosas, ao longo da história, têm sido espaços de resistência e transformação, capazes de abrir novos horizontes mesmo nos momentos mais difíceis. O desafio do presente é reafirmar esse papel e, por meio da fé vivida, do pensamento crítico e do compromisso social, encontrar caminhos para a renovação da humanidade.

Que esta leitura seja um convite à reflexão e ao engajamento, fortalecendo aqueles que, na encruzilhada do nosso tempo, ousam acreditar que outro mundo não apenas é possível, mas também urgente e necessário.

Por isso, ao celebrar seus quarenta anos de fundação, que a Soter continue a fortalecer seu compromisso com o diálogo inter-religioso, promovendo espaços de encontro e aprofundamento entre diferentes tradições. Que sua trajetória siga sendo marcada pela busca da justiça, da paz e da construção coletiva do conhecimento teológico e religioso. Em tempos de desafios e transformações, que a Soter permaneça como um farol de esperança, incentivando o respeito às diferenças e a cooperação entre crenças.

Que sua missão siga inspirando pesquisadores, teólogos e comunidades na edificação de um mundo mais fraterno e solidário. E que sua história continue a ser escrita por aqueles que acreditam na fé como um caminho para a transformação social e para a construção de novos horizontes de esperança.

## Referências

BLOCH, Ernst. *O princípio esperança*. Rio de Janeiro: Contraponto, 2005.

FREUD, Sigmund. *O futuro de uma ilusão*. Leipzig, Viena, Zürich: Internationaler Psychoanalytischer Verlag, 1927.

HOUTART, François. *Mercado e religião*. São Paulo: Cortez, 2002.

KÜNG, Hans. *Projeto de ética mundial*: uma moral ecumênica em vista da sobrevivência humana. São Paulo: Paulinas, 1992.

KÜNG, Hans. *Uma ética global para a política e a economia mundiais*. Petrópolis: Vozes, 1999.

MOLTMANN, Jürgen. *Theologie der Hoffnung*. Stuttgart: Ernst Klett Verlag, 1964.

# PARTE I

# Panorama atual das tendências e fundamentos religiosos no Brasil

# 1. Avanço do tradicionalismo/ fundamentalismo na conjuntura eclesial atual

JOÃO DÉCIO PASSOS[1]

## Introdução

As posturas conservadoras e renovadoras são inerentes à história dos povos e, por conseguinte, à história das religiões. A preservação de padrões do passado – dos valores endógenos constitutivos de determinados grupos e de consensos estabelecidos como verdades e normas – e a construção de padrões novos, advindos das inevitáveis mudanças históricas, acompanham a história das culturas e das ideias políticas e religiosas.

No caso das religiões, a preservação ocupa um lugar fundamental, central e estruturante, na medida em que oferece o parâmetro da fundamentação primeira e da reprodução das verdades básicas dos sistemas de crença e a garantia da própria permanência da identidade grupal.

A afirmação da fidelidade às origens ou a um modelo adotado como norma dogmática tem um lugar natural nas narrativas e

---

[1] Possui graduação em Filosofia pela Pontifícia Universidade Católica de Minas Gerais (1987), graduação em Teologia pela Pontifícia Faculdade de Teologia N. S. da Assunção (1991), especialização e Filosofia da Religião pela PUC-Minas, mestrado em Ciências da Religião pela Pontifícia Universidade Católica de São Paulo (1995), mestrado em Teologia pelo Instituto São Paulo de Estudos Superiores (2009) e doutorado em Ciências Sociais pela Pontifícia Universidade Católica de São Paulo (2001). Livre-Docente em Teologia pela PUC-SP. Atualmente é professor associado da Pontifícia Universidade Católica de São Paulo e Editor de Paulinas Editora. E-mail: jdpassos@pucsp.br

posturas preservadoras, quando estas entendem que a história das crenças ocorre por meio de uma repetição imutável dos atos e das narrativas que deram origem àquela tradição. A preservação significa nessa perspectiva fidelidade e segurança e se institui precisamente como política de segurança que deve, por conseguinte, evitar toda renovação.

Para essa interpretação fundamentalista ou tradicionalista, a verdade fundante do grupo encontra-se fixada e disponível em textos, em regras e em práticas que devem ser repetidos com fidelidade supostamente literal, sendo que qualquer intento de renovação, ou seja, de mudança, de releitura e de reinterpretação, constitui traição à essência do grupo religioso e deve ser evitada, rejeitada, desmentida e, no limite, eliminada. Os grupos religiosos trazem consigo uma defensiva natural do que entendem ser sua essência eterna que não pode ser modificada, sob a pena de autodissolução.

Os fundamentalistas/tradicionalistas se sustentam, portanto, sobre a convicção de serem fiéis a uma verdade imutável por eles conhecida e reproduzida, defendida por meio de gestos e discursos e contraposta a tudo o que dela discorda. Nessa postura se apresenta, portanto, como regra a oposição entre verdade e falsidade e, do ponto de vista social, entre o endo e o exogrupo e, no limite, entre os do bem e os do mal.

É verdade que a dinâmica preservadora/renovadora acompanha o cristianismo desde as suas origens, assumindo formas variadas em movimento e sujeitos, assim como modos mais construtivos ou destrutivos. Mas é também verdade que hoje se mostra como um clima de tensão tão evidente quanto amplo. Vivenciamos tempos de afirmação das posturas fundamentalistas e tradicionalistas numa escala crescente de legitimidade dentro da Igreja e de performances agressivas no espaço público digital.

Mesmo sem aferições numéricas, é possível perceber um crescimento das tendências no âmbito do catolicismo, hoje recortado pelos mecanismos e pela cultura virtuais que redimensionam os números de perfis antigos e novos fora dos espaços tradicionais. Na mistura

# 1. Avanço do tradicionalismo/fundamentalismo na conjuntura eclesial atual

tão real quanto confusa entre os mundos *off-line* e *on-line*, as tendências fundamentalistas e tradicionalistas se encontram hoje inseridas na rotina eclesial com suas ofertas de verdade seguras, dentro de uma sociedade plural e insegura e de uma Igreja igualmente plural e tímida em relação aos processos reais de renovação. Duas regras básicas valem ser mencionadas como pressuposto das análises que vêm a seguir. A primeira da sociologia da religião: as religiões tendem a reproduzir as tendências sociais mais amplas, ainda que de modo espontâneo ou inconsciente, bem como de modo dialético, negando, negociando e assimilando essas tendências. Nesse sentido, o que ocorre na Igreja Católica atual reflete o que ocorre na sociedade mais ampla: a tendência à negação do presente e de volta ao passado, onde residiam os modelos seguros de verdade, de valores e de organização da convivência social.

A segunda diz respeito às construções histórico-sociais: toda volta ao passado é sempre uma construção feita no presente e com interesses, ferramentas e conteúdos do presente. Portanto, as construções fundamentalistas e tradicionalistas que hoje avançam dentro da sociedade/Igreja não são meras decisões de indivíduos ou grupos de visão limitada sem vínculos com a realidade social mais ampla e com a conjuntura mundial, mas, ao contrário, são expressões do momento presente que transcendem as possibilidades de controle da própria Igreja. A reflexão que segue oferece algumas pontuações sobre essa realidade complexa que nos acompanhará por longo tempo.

## 1. Tradicionalistas e fundamentalistas

O título da exposição conecta os movimentos tradicionalista/fundamentalista. Não se trata apenas de um recurso textual, mas da designação de uma afinidade de duas tendências cristãs que já vêm de longa data e que hoje têm ganhado maior adesão e legitimidade dentro da Igreja. É preciso afirmar, antes de tudo, que são dois movimentos. O próprio movimento fundamentalista se presta a muitas definições que podem abranger várias dimensões da vida social, diferentes matrizes religiosas e distintos grupos e tendências que resistem a mudanças (Armstrong, 2001; Boff, 2002; Tamayo, 2004; Pace, 2017). O termo "tradicionalismo" padece de semelhante equivocidade, ora entendido como conservadorismo, ora como fundamentalismo, ora, ainda, como integrismo (Laboa, 2019, p. 28-30).

No campo cristão, os movimentos fundamentalista e tradicionalista possuem história, conteúdo e, até mesmo, práticas distintas desde as suas origens; nascem e tomam forma em territórios distintos, e até mesmo opostos, nos campos da tradição protestante e da tradição católica. Contudo, algumas confluências entre as posturas podem ser localizadas já nas origens:

a) a reação crítica às mudanças modernas como contexto comum que se vai instalando nas Igrejas desde a segunda metade do século XIX;

b) o recurso comum ao arsenal doutrinal interno como verdade irrefutável perante as mudanças socioculturais;

c) a hermenêutica comum que afirma a existência de uma verdade única e imutável, acessível a quem se dispuser acolhê-la;

d) a tendência a agregar adeptos militantes que lutam contra as falsas verdades modernas, com maior amplitude e radicalidade, a depender de cada contexto.

Os dois movimentos adquiriram corpo, fôlego e organização em contextos e tradições distintas, bem como processos diferenciados de ramificação e expansão pelo Ocidente no decorrer do turbulento século XX. Na história de consolidação e crise da chamada modernidade, os movimentos marcaram suas presenças, ora com maior ou menor visibilidade, porém localizados numa espécie de marginalidade política e teórica dentro da hegemonia do pensamento da práxis moderna, sempre confiantes em suas ideias e instituições. O fato é que, enquanto o movimento fundamentalista cresceu numericamente e se expandiu por dentro da crescente diversidade de agremiações protestantes penetrando no próprio universo católico, o tradicionalismo tendeu a se restringir como grupo e tendência, pressionado

# 1. Avanço do tradicionalismo/fundamentalismo na conjuntura eclesial atual

pelo sistema católico oficial e permaneceu como grupo no mínimo estranho às renovações conciliares.

O anunciado "retorno do sagrado" ou "reencantamento do mundo" por parte dos revisores da modernidade parece ter sido, de fato, nada mais que o início de uma nova percepção da presença cultural do religioso no espaço público. Talvez fosse a percepção real de um fenômeno, porém da presença dos que nunca se foram. No campo religioso cristão teríamos sido modernos? Traduzindo: teríamos sido, de fato, científicos, democráticos, republicanos, autônomos? Numa palavra: teríamos solucionado a velha questão da relação causal entre Deus e a natureza, entre Deus e a história. Na contramão da racionalidade moderna no âmbito do cristianismo, esses dois movimentos permaneceram intactamente religiosos (ainda que restritos às confessionalidades e individualidades), teocráticos (afirmando o poder absoluto de Deus como causa imediata de todas as coisas), autoritários (ao entender a verdade revelada como irrefutável e que descende, vem de cima para baixo) e dependentes (de uma autoridade que define e orienta o que é do bem e o que é do mal).

No decorrer desse século ambíguo, o cristianismo se debateu com as revoluções modernas. Os dois movimentos também se debateram como possuidores exclusivos da verdade: de modo simplista, de uma verdade inerrante revelada, contida e acessada nos textos bíblicos, de uma verdade administrada com a mesma inerrância pelo magistério católico com suas doutrinas bem elaboradas, sistematizadas e edificadas juridicamente. Esses dois regimes de verdade segura construíram suas trincheiras contra a modernidade que avançava, consolidava-se e mostrava seus limites. Hoje sob suas fraturas expostas e suas estruturas consolidadas emergem como narrativas cada vez mais naturalizadas e ativa no espaço das coisas públicas, de onde estiveram ausentes.

Na conjuntura atual, os dois movimentos se encontram de forma curiosa quando se pode observar uma simbiose de posturas e de conteúdos: posturas de afirmação de uma verdade cristã, posturas contra a decadência moral da sociedade moderna, afirmação de um poder político que procede de Deus, afinidades como regimes e governos de extrema direita. A fusão mesmo que desajeitada entre as clássicas posturas das leituras fundamentalistas/pentecostal de origem protestante com as de postura tradicionalista tridentina católica encena a quem se dispõe um ecletismo doutrinário e ritual. O termo *tradismático* tem sido utilizado para designar esse encontro (Medeiros; Passos, 2024). Figuras midiáticas do universo católico – padres e leigos *influencers* – emblematizam em suas narrativas e posturas esse encontro que tem se mostrado original e eficiente.

Algumas pontuações necessárias sobre os fundamentalistas/ tradicionalistas:

a) o fato visível de um avanço sintonizado das duas tendências, quando não em permuta e simbiose fecundas;

b) a originalidade desse encontro no campo católico, que revela um enquadramento da hermenêutica fundamentalista dentro da moldura tradicionalista doutrinal e ritual;

c) a postura comum de rejeição à cultura plural e secular moderna a partir de pautas morais e políticas;

d) a crença comum de uma ação divina no mundo por meio de milagres, numa relação direta causa-efeito;

e) a dispensa da mediação científica para interpretar fatos históricos e humanos hodiernos;

f) a afirmação de uma teologia comum do domínio religioso a ser implantado na sociedade em geral e na política de modo particular;

g) a afinidade entre as pautas morais com as pautas políticas de líderes de perfil autoritário e de extrema direita.

A hermenêutica fundamentalista ganhou espaço, fôlego e legitimidade por meio do pentecostalismo, que foi gradativamente assimilado pela tradição católica como um movimento que assumiu proporções gigantescas por meio de grupos, organizações e empresas ligadas à Renovação Carismática Católica, entendida como um movimento regido por uma cosmovisão (pentecostal) e, hoje, por suas ramificações estruturadas em comunidades e dissolvidas no interior das comunidades eclesiais.

Nessa conjuntura, a hermenêutica fundamentalista foi sendo assimilada e naturalizada pelas comunidades católicas com suas gramáticas:

a) leitura individualista e espiritualista do texto bíblico, sem necessidade mediações críticas;

b) leitura seletiva do texto, feita em função das escolhas e emoções individuais;

c) leitura orientada pela crença na dupla revelação de Deus operada no ato da leitura: revelação na literalidade do texto concomitantemente à revelação na alma do leitor que interpreta;

d) afirmação de uma atemporalidade da narrativa que permite e exige a transposição imediata no presente.

Essa prática continua em ação e funde-se com práticas devocionais de cunho popular, emoldurada, no entanto, por pressupostos doutrinais objetivos do tradicionalismo tridentino.

Para esse modelo, a unidade, a hierarquia, a ordem e a disciplina designam o conjunto da realidade, a verdade se encontra fixada em modelos do passado e a modernidade é uma era eivada de erros a serem superados por meio da ação da Igreja. O que era distinto se encontra cada vez mais fundido e atuante, sob a capa de um comportamento moral individual – pautas de costumes, sexualidade, gênero, direitos reprodutivos e militância contra o aborto – e antissocial: rejeição a tradição social da Igreja como perversão da fé, Teologia da Libertação e comunismo.

## 2. O dado atual

O avanço do tradicionalismo/fundamentalismo nas conjunturas eclesial e social atuais é um dado evidente e cada vez mais rotineiro.

As narrativas dessa natureza chegam às nossas redes sociovirtuais e às nossas comunidades eclesiais diariamente; expressam-se de modos variados, pelos grupos militantes que se definem com essa identidade, por meios de sujeitos influenciadores digitais, por dentro de determinados movimentos que se encontram inseridos nas comunidades eclesiais e através das narrativas religiosas veiculadas pelas mídias clássicas ou digitais: em homilias e discursos, em posturas morais, em rituais ou simplesmente por meio de certas imagens ou de figurinos do passado. De um núcleo mais duro às posturas fragmentadas e dissolvidas no conjunto dos discursos e práxis da Igreja, o fundamentalismo e o tradicionalismo compõem o *lógos* e o *éthos* eclesial católico como postura legitimada, seja pelos adeptos que se afirmam e, até mesmo, avançam no corpo eclesial, seja pelos bispos, seja pelas Conferências Episcopais, que adotam as posturas de indiferença ou de acolhida natural da tendência. Se por um lado deva-se afirmar a existência de uma pluralidade eclesial que reproduz a pluralidade sociocultural que demarca cada vez mais os tempos modernos e, no contexto globalizado, a convivência entre iguais e diferentes (Touraine, 1999), por outro observa-se, também, a crescente tensão entre as diferenças.

Na sociedade digital, essa tensão torna-se hábito e regra das relações sociais e produz narrativas de ódio que separam de modo radical *os de dentro* e *os de fora* dos grupos de pertença (Fisher, 2023). Seria, portanto, limitado considerar o avanço do tradicionalismo/fundamentalismo como a simples presença de tendências eclesiais no seio da Igreja isoladas do conjunto maior da sociedade atual. Ao contrário, são tendências que reproduzem as tensões mais amplas que se elevam nos campos econômico e político globais: entre globalização e desglobalização, entre multilateralismo e isolacionismo, entre democracia e autoritarismo e extrema direita e liberais.

Os tradicionalistas/fundamentalistas adquirem hoje nitidez sempre maior como identidade oposta àquela que até bem pouco vigorou como hegemônica e, em certa medida, unânime. Como se sabe, as identidades se definem precisamente como relação entre as diferenças

# 1. Avanço do tradicionalismo/fundamentalismo na conjuntura eclesial atual

(Cuche, 1997, p. 182-183), de modo que se elevam como coesão e imagem distinta dos demais em contextos em que as hegemonias vão se dissolvendo por razões variadas. O fato é que onde todos são iguais as diferenças não se mostram relevantes ou ameaçadoras e, muitas vezes, sequer são percebidas. Ocorre também que em conjunturas de hegemonia de um determinado grupo, a emergência de identidades distintas se insere na lógica do controle, do expurgo ou da eliminação, por serem considerados ameaçadores. Isso se aplica aos grupos internos ou externos à identidade hegemônica.

Portanto, quando se fala em avanço do fundamentalismo/tradicionalismo no seio da Igreja Católica, pressupõe-se que se fala de uma conjuntura plural na qual os grupos buscam ser hegemônicos, ou seja, lutam por obterem legitimidade no conjunto de um grupo maior, no caso a Igreja Católica. Verifica-se também que se trata de uma configuração em que a diversidade e, em certa medida, a fragmentação se impõem sobre a unanimidade, numa unanimidade garantida pela tradição ou sustentada por um projeto agregador majoritário Na linha da tipologia proposta por Castells (2001, p. 22-28), encontra-se em marcha no catolicismo a luta entre identidade tradicional e identidade de projeto, a primeira retira do passado sua matéria-prima e ali localiza a verdade, a regra e o padrão, enquanto a segunda convida a renovar o passado com matérias disponíveis no presente.

Os conservadores podem ser tipificados em distintas frentes, de diferentes identidades tradicionais e em distintas posições no corpo eclesial atual:

a) os grupos externos à Igreja Católica constituídos pelos que estão fora da oficialidade católica, como grupo que nega a legitimidade do *status* da Igreja desde as renovações conciliares;

b) os grupos assimilados pelo corpo eclesial que sustentam, porém, posturas e imaginários que rejeitam as renovações conciliares, numa palavra os magistérios eclesiais universal e local, sem, contudo, negar a autenticidade da Igreja como continuadora da longa tradição;

c) os grupos integrados, comunidades e movimentos, que se afinam às posturas dos grupos anteriores, mas com narrativa de fidelidade ao Santo Padre ou de relativa fidelidade aos magistérios do Papa e dos episcopados locais;

d) os dissolvidos no corpo eclesial que operam por meio de narrativas e práticas reproduzidas por clérigos e leigos, em posturas, doutrinas e práticas conservadoras que ignoram o conjunto das renovações do Concílio e das diretrizes do Papa Francisco e seguem seu curso em meio aos processos eclesiais.

O fundamentalismo/tradicionalismo está instalado no corpo eclesial e goza de autonomia e legitimidade crescentes. Em termos sociológicos não se trata de um fenômeno atual produzido na endogenia católica, mas de uma tendência geral que rompe com os valores instituídos como normais pelas instituições clássicas (caso da Igreja) e modernas (o próprio Estado moderno). O retorno a modelos seguros do passado tem sido uma marca da sociedade e da política atual. A pergunta pelo que se passa na Igreja pressupõe a pergunta pelo que está ocorrendo em nossa época de mundo globalizado em franca crise.

Pode-se falar com evidências empíricas nesses dois tipos de catolicismo fundamentados em distintas perspectivas eclesiológicas de mundo ou sociedade. As posturas distintas se encontram unificadas e demarcam seus territórios. Essa dicotomia evidente que acompanhou a era do *aggiornamento* conciliar adquire a proporção atual como reprodução eclesial da dicotomia maior entre os mundos virtual e material, entre os modos de viver e agir *on-line* e *off-line* (Bauman, 2017, p. 103-105). Os universos paralelos têm estruturado a convivência humana em todas as suas dimensões, e a *pólis* digital ainda não encontrou seus modos de construir consensos que permitam a vida social comum nos âmbitos local e global. Da mesma

1. Avanço do tradicionalismo/fundamentalismo na conjuntura eclesial atual

forma, a Igreja ou as Igrejas *on-line* subsistem com seus consensos próprios e, por certo, seguirão em frente sem mecanismos de qualquer controle unificador.

Não será necessário investir na demonstração do fato. O mais fundamental será avançar na busca de explicações de possíveis causas, das condições de possibilidade do avanço do fundamentalismo/tradicionalismo católico. Serão sugeridas três causas que, evidentemente, se retroalimentam no contexto concreto da conjuntura eclesial: o contexto imediato da cultura digital, a crise e o medo como mola propulsora e o contexto das renovações conciliares.

## 3. A era digital como contexto imediato

O avanço das frentes conservadoras na conjuntura eclesial atual não constitui uma tensão nova dentro da Igreja, mas afirma-se como uma tesão inserida em um novo contexto histórico marcado pela visibilidade e agilidade da cultura digital, bem como pela dicotomia entre os mundos *on-line* e *off-line*. Nesse contexto sociocultural, o fundamentalismo/tradicionalismo adquire um dinamismo novo e potencializador:

a) como presença no espaço público universalizado e destradicionalizado;

b) como identidade legítima que gera coesões internas pelos conteúdos oferecidos como verdadeiros e normativos;

c) como identidade autocentrada e autossuficiente que dispensa os padrões clássicos de consenso e de controle social e sociorreligioso;

d) como oferta de verdade autoevidente que dispensa verificação e questionamento;

e) como verdade única que se opõe à pluralidade de verdades;

f) como verdade segura que se define pela oposição aos diferentes.

O solo autônomo e fértil do mundo virtual oferece as condições excelentes para o avanço dos grupos conservadores. Ali constituem comunidades virtuais religiosas autorreferenciadas, lideradas por *influencers*, fundamentadas na verdadeira doutrina católica, representantes da verdadeira Igreja, veiculadoras de posturas, normas e estéticas ligadas a modelos eclesiais anteriores ao Concílio, opositoras às renovações mais profundas oferecidas pelo Vaticano II, afirmadoras de uma moralidade objetiva e rígida que dispensa discernimento, focadas em temáticas referentes à moral sexual, sobretudo ao aborto, denunciadoras de inimigos da Igreja, o comunismo e a Teologia da Libertação, militantes políticas afinadas implícita e explicitamente a partidos, projetos e candidatos de extrema direita.

As tecnologias digitais não são unicamente uma ferramenta nova e potente de comunicação e de instrumentalização geral da atuação humana em todas as dimensões da vida e da convivência. Elas desenham uma nova fase da marcha humana que resulta em épocas civilizacionais que reestruturam o conjunto da realidade pensada e vivida pelos seres humanos. A era digital chegou e mostra de modo dramático dinâmicas disruptivas com a civilização ocidental edificada sobre os consensos clássicos e modernos. O mundo globalizado se vê sacudido em suas configurações com políticas isolacionistas e com guerras. As instituições modernas resultantes de consensos humanistas, éticos e políticos se dissolvem com os avanços da extrema direita sustentados pelos populismos digitais. A Igreja Católica, a mais tradicional estrutura do chamado Ocidente, padece dos mesmos dramas, sob a pressão da dicotomia entre os mundos *on-line* e *off-line*.

A consciência de que já vivencia uma nova era que edifica uma vida eclesial *on-line*, paralela à comunidade eclesial *off-line*, parece ser adiada em nome da percepção meramente comunicacional (a disponibilidade de uma ferramenta potente de trabalho e de interações), que iguala a todos como missionários digitais, que evita a exposição do confronto entre os valores dissonantes e contrapostos dos dois mundos e que conta com uma frequente teologia da comunhão eclesial que abriga todas as diversidades em uma unidade maior.

# 1. Avanço do tradicionalismo/fundamentalismo na conjuntura eclesial atual

## 4. A crise e o medo como gatilho

A constatação de que vivenciamos uma crise planetária vai além da evidência mais gritante da crise climática. Trata-se de uma crise de múltiplas dimensões, resulta de uma longa temporalidade moderna que se desgasta em seus processos, projetos e instituições. O século XX testemunhou a busca tensa e trágica de reacomodação das geopolíticas e das nações ao capitalismo globalizado. As crises políticas decorrentes geraram os regimes autoritários fascistas isolacionistas e as tentativas de gestão global. Após a era da Guerra Fria, o capitalismo globalizado supostamente consolidado vem mostrando suas rachaduras nos blocos econômicos locais, que rompem com as configurações e rotinas globais, buscam acomodações locais, intensificando as guerras comerciais e abrigando guerras físicas. A crise econômica, mãe de todas as crises, deságua nas crises políticas: na constatação da falência dos modelos capazes de gerir, proteger e fazer prosperar os povos e nações.

O chamado antiglobalismo abarca em sua ambiguidade tendências e personagens políticos politicamente disruptivos que se apresentam como salvadores das nações: como autoridades revestidas de apoio de bases políticas digitais que redesenham as relações políticas entre os líderes e seus seguidores. Para essa nova dinâmica, o modelo clássico de democracia com suas instituições e regras estariam falidos. A democracia não nos representa (Castells, 2018). Não se trata de uma simples opção política como ocorre naturalmente no campo dos jogos democráticos, mas de uma antipolítica que adota a ruptura como regra.

A crise política cresce como grande ameaça não à perda de direitos e de liberdades, mas como perda das condições de sobrevivência e de padrão de vida proporcionado pela capacidade de consumir e estar satisfeito: para os pobres o impedimento de sonhar com a satisfação das necessidades, para a classe média a perda das condições presentes da vida feliz. O medo de perder o que se tem e o que se poderia ter torna-se o sentimento cada vez mais comum e forte que agrega as classes sociais em torno de projetos políticos que prometem salvar as nações eliminando os inimigos, desde então, já conhecidos. Os medos coletivos têm sua lógica própria que ultrapassa todas as verificações empíricas ou científicas; são fobias que agregam emocionalmente, alimentam-se e movem-se pela emoção e pela esperança na salvação oferecida por um líder. Os medos geram posturas crentes que operam na sequência *crise-líder-salvação*. Max Weber designava o líder carismático como aquele que se legitima a partir da fé dos seguidores: da indigência, do entusiasmo e da esperança (1997, p. 194).

Os líderes de extrema direita emergem e se alimentam de "políticas do medo" que criam crises e soluções, apontando os grandes inimigos: no hemisfério norte os migrantes e islâmicos, no EUA também os defensores da ideologia de gênero, de direitos iguais, de direitos raciais, os LGBTQI+, os defensores da justiça social (comunista). No Brasil, o velho fantasma do comunismo passou a agregar quase todo o rol de inimigos do norte, incluindo os ecologistas.

Por dentro dessa lógica é que o tradicionalismo/fundamentalismo oferece suas interpretações, focadas no grande inimigo da sociedade e da Igreja, o comunismo expresso na Teologia da Libertação, na Doutrina Social da Igreja, na opção pelos pobres, na Campanha da Fraternidade e no próprio Papa Francisco. As qualificações de desvio da verdadeira doutrina, da verdadeira Igreja de Cristo e de heresia permitem nominar esses inimigos, incluindo referências concretas a bispos, padres e teólogos. A mesma lógica que opõe o endogrupo (a verdadeira Igreja e a verdadeira doutrina) ao exogrupo (os falsos e os hereges) rege as posturas tradicionalistas que citam passagens de declarações do Catecismo da Igreja, de Papas anteriores ao Vaticano II e até de Papas recentes. A oposição permanente desenha a identidade dos tradicionalistas e faz renascer permanentemente – no tempo real das redes digitais – a luta urgente contra os inimigos (Aronson, 2023, p. 49-58).

A postura de oposição e luta definidora de todo conservadorismo traduz-se em uma conjuntura dramática para a Igreja Católica, quando por dentro de seu corpo se encontram instalados tendências, grupos

# 1. Avanço do tradicionalismo/fundamentalismo na conjuntura eclesial atual

e indivíduos que vão compondo universos eclesiais paralelos àquele considerado oficial por razões teológicas, históricas e institucionais. Já não se mostram mais normativos e relevantes o princípio da comunhão eclesial, regrado pelo *sensus ecclesiae*, o princípio da fidelidade ao magistério conciliar, ao magistério pontifício e aos magistérios locais. Já se pode afirmar que na conjuntura católica atual se encontra estabelecida uma frente hegemônica que agrega milhões de fiéis por meio das redes sociovirtuais e que ganha espaço a cada dia.

## 5. A construção do passado

O medo da crise que pode levar à destruição total impulsiona o retorno ao passado como saída segura e eficiente. A crença na existência de um modelo concluído, fixo e imutável subsistente em algum lugar do passado – uma era de ouro, uma era de revelação direta de Deus, uma era de unidade, de paz e segurança, uma era de vivência da verdade – orienta as posturas fundamentalistas e tradicionalistas de ontem e de hoje. A fantasia do passado seguro e perfeito arregimenta os que são tomados pelo medo e instaura uma esperança na possibilidade da retomada fiel e certeira de uma nova ordem já testada ou revelada pelo próprio Deus. Na expressão de Benjamin Teitelbaum, o retorno do tradicionalismo consiste numa *guerra pela eternidade* (2020). A consciência de que as realidades natural e histórica se fundam sobre modelos eternos e imutáveis que devem ser preservados ou resgatados quando abandonados determina as hermenêuticas conservadoras de modo geral. No caso do fundamentalismo, trata-se de uma eternidade manifestada pela Palavra revelada e inerrante no todo e nas partes, verdade atemporal e sempre aplicada no presente. Para o tradicionalismo, trata-se de uma doutrina fixa e eterna, de uma tradição imutável que a transmite de forma intacta e de um modelo eclesial único e verdadeiro.

A consciência tradicionalista é supra-histórica e se entende como depositária da verdade eterna e imutável. Ela se opõe ao que se poderia denominar consciência histórica que entende que as coisas são produzidas historicamente, mesmo aquelas que as tradições entendem como sagradas ou os modelos de verdade, de moralidade, de ritualidade, de política e de estética. Aqui se distinguem as compreensões de tradição como reprodução de algo fixo e imutável e como transmissão que se amplia e se renova em cada tempo e lugar. Nessa perspectiva, se afirma também que toda tradição é inventada no presente (Hobsbawm; Ranger, 2012). Não há como preservar ou resgatar modelos do passado na história que passa implacavelmente. Todo modelo supostamente retirado do passado é sempre uma construção a partir de matérias-primas e de motivações retiradas do presente. Somente as forças irracionais do medo e da fantasia podem oferecer a eternidade como saída para a história presente em marcha permanente.

## 6. A temporalidade católica moderna

A bela ideia da "túnica inconsútil" não foi mais que uma ideia; uma ilusão de uma unidade desejada que jamais foi efetiva, apenas se sustentou por meio de mecanismos de controle marcados pela força simbólica ou física. O fato é que a identidade católica (unidade universal) foi uma construção tensa e permanente no decorrer de toda a história. Não parece necessário recordar a história dessa constituição tensa entre os inimigos internos (os hereges) e os inimigos externos (os pagãos). Trata-se de uma unidade construída pelo consenso (quando vai sendo gestada a dinâmica dos concílios) e pela coerção (a unidade imposta pela força por meio de estratégias diversas). Os séculos de formação da chamada modernidade se encarregaram de quebrar por fora e mesmo por dentro a unidade católica de forma definitiva.

A dialética entre Igreja Católica e modernidade expressava evidentemente duas cosmovisões opostas que podem ser tipificadas como: unidade *versus* pluralidade, centralização *versus* descentralização, hierarquia *versus* comunidade, desigualdade *versus* igualdade, sacralidade *versus* secularidade, autonomia *versus* obediência, estabilidade

# 1. Avanço do tradicionalismo/fundamentalismo na conjuntura eclesial atual

*versus* transitoriedade, teocracia *versus* democracia. Trata-se de um longo processo de mudança histórica que foi pressionando e reconfigurando lentamente a Igreja de fora para dentro, de baixo para cima, da prática para as ideias, da periferia para o centro, da pastoral para o doutrinal.

O fato é que a Igreja vem atravessando de modo dramático – para muitos de modo trágico – as revoluções modernas, negociando e assimilando o que foi possível dentro de seu *lógos* e *éthos* herdados e preservados da longa era pré-moderna. A travessia está longe de ser concluída, e a conjuntura mundial recoloca os retrocessos modernos como dado desafiante. Nessa moldura, os fundamentalismos e tradicionalismos se inserem como forças reacionárias ao processo de modernização de um modo geral e, de modo aguerrido, às renovações conciliares. Estas duas frentes, a histórico-social e a histórico-eclesial, constituem na esfera dos fatos e das ideias a mesma ameaça para os que consideram as renovações modernas institucionalizadas em todas as formas um fator destrutivo que deve ser superado retornando a modelos do passado.

O Concílio Vaticano II foi um ponto de chegada das negociações em curso já havia décadas entre a racionalidade moderna – nas dimensões teóricas e práticas – e a racionalidade católica tradicional. No processo conciliar, modelos teológicos, mas também modelos sociais, políticos e teóricos advindos dessas duas racionalidades entraram em rota de negociação. O resultado parcial foi a assimilação crítica da racionalidade moderna que permitiu recolocar a Igreja Católica em uma nova relação com a sociedade de um modo geral, com as tecnociências, com a pluralidade e, por conseguinte, uma redefinição de si mesma. O pretendido e perseguido *aggiornamento* eclesial foi tão real quanto tenso e limitado, quando, hoje, é colocado para balanço crítico. Como se sabe, o tradicionalismo sobreviveu de modo isolado, porém resistente, à era pós-conciliar.

O fato é que o marco conciliar constitui não somente o delimitador da identidade "tradicionalista", desde então distinta do conjunto oficial e hegemônico da Igreja pós-conciliar, mas também

JOÃO DÉCIO PASSOS

a configuração de um *éthos* renovador que jamais se renovou de modo estrutural e, menos ainda, de modo radical. O tradicionalismo pode contar, portanto:

a) com a longa tradição que permaneceu intacta em seu edifício básico, sobretudo com as bases de Trento e do Vaticano I;

b) com a centralidade do papado no conjunto do *lógos*, do *éthos* e do aparelho eclesiástico;

c) com a hierarquia essencialmente clerical, centrada no poder do consagrado distinto do leigo, do não consagrado;

d) com a teologia do sacerdócio, que sustenta todo o edifício;

e) com a persistência de uma racionalidade essencialista de viés escolástico, que fornece uma consciência de estabilidade e imutabilidade no pensamento católico;

f) com uma práxis ritual e devocional que permite sustentar uma consciência mágica dos fiéis;

g) com a moralidade objetivista, que não conseguiu dialogar com a autonomia de consciência moderna;

h) por fim, com a própria ambiguidade e divisão de tendências instauradas de forma cada vez mais nítida e autorizada no seio da Igreja.

Por dentro desse edifício preservado, o tradicionalismo sobreviveu como "estranho semelhante", como "externo interno" nas décadas pós-conciliares, de forma que pode contar com o apoio – direto ou indireto – de Igrejas, de bispos, de clérigos e leigos, não obstante em uma zona de ambiguidade demarcada sempre pelo parâmetro do *aggiornamento* conciliar.

Portanto, o avanço do tradicionalismo/fundamentalismo na Igreja atual não significa a ingerência de um corpo estranho, mas a expansão de um germe preservado pela própria tradição e estrutura eclesiais/ eclesiásticas que se encontra, no momento, incitado a crescer como resposta religiosa segura no mundo e na Igreja atravessados pela

## Considerações finais

A história que avança preserva e renova com ritmos diferenciados. A necessidade de renovação se impõe incessantemente, na medida do domínio material que gera tecnologias e transforma as condições de vida. As grandes crises brotam dessas transformações nas infraestruturas materiais, a partir das quais as mudanças dos padrões instituídos se apresentam como urgências que podem voltar às fontes do passado, entendidas como padrões seguros e estáveis, ou avançar para o futuro e oferecer o novo como saída. A tensão entre o velho e o novo pode ser vista como a grande marca dos tempos de crise, sendo que as referências do passado tendem a ser retomadas como experiência segura por já terem sido experimentadas e idealmente adotadas como bem-sucedidas. Para a consciência conservadora, o passado é sempre melhor que o presente e dele se podem retirar os modelos seguros para a vida presente.

A regra que reza "conservar é mais seguro que renovar" tem seu lugar natural nas tradições religiosas, que existem precisamente para levar adiante um conteúdo salvífico oferecido nos tempos primordiais onde Deus se revelou e, onde, a verdade reside e pode ser acessada com certeza e segurança garantidas pelo próprio Deus. Em tempos de crise no presente, o movimento para o passado e para o futuro se coloca como saídas mais viáveis, já que os valores e estruturas do presente são entendidos como falidos, incapazes de oferecer solução. O resgate do passado é sempre visto como mais seguro, por se tratar, supostamente, de modelos já testados. Se a crise, intervalo entre o passado que se foi e o presente que ainda não chegou, não persistir, abrandam-se tanto os regates do passado quanto às construções inovadoras. Por essa razão, a expansão dos movimentos conservadores acontece como permanente anúncio da crise, no caso, crise da autêntica Igreja.

Todo retorno ao passado é sempre uma operação do presente. É a partir do presente que os grupos fundamentalistas/tradicionalistas são construídos com suas pautas retiradas de um suposto modelo do passado, modelo considerado como um depósito objetivo, acessível, fixo, imutável e normativo. São imagens do passado construídas no presente. O que retiram do presente? As ferramentas digitais, o medo da mudança, as tendências e lideranças de extrema direita, a defesa de um modelo econômico ultraliberal e a afirmação de uma Igreja individualista e espiritualista focada na salvação eterna e na experiência emocional da fé.

Desde as reformas desencadeadas pelo Vaticano II e que atingiram seu ápice nas atuais reformas franciscanas, a tensão entre passado e o presente habita a Igreja em tendências que compõem de modo genérico as frentes conservadoras e as renovadoras. As frentes se afirmam no campo católico como disputa hermenêutica para correta interpretação do magistério ordinário conciliar. Na dinâmica do mundo digital, toda versão pode ser correta desde que tenha adeptos e sustente seu grupo de apoios. Os tradicionalistas/fundamentalistas subsistem como proposta de sociedade e Igreja assentados em modelos imutáveis herdados do passado. A conjuntura atual configura uma Igreja polarizada entre as duas tendências, nominalmente, entre a preservação – da tradição, da teologia, do método, dos papéis, das estruturas – e a renovação com a construção da Igreja sinodal. O conservadorismo avança por meio das redes virtuais e compõe suas comunidades de milhões de seguidores. Um grande cisma de baixa intensidade parece estar em curso. A tradição católica será tragada pelo tradicionalismo digital? Alguma negociação prevalecerá sobre a divisão configurada? Necessitamos de um novo Concílio que retome e defina consensos eclesiais fundamentais?

## Referências

ARMSTRONG, Karen. *Em nome de Deus*: o fundamentalismo no judaísmo, no cristianismo e no islamismo. São Paulo: Companhia das Letras, 2001.

# 1. Avanço do tradicionalismo/fundamentalismo na conjuntura eclesial atual

ARONSON, Elliot. *O animal social*. São Paulo: Goya, 2023.

BAUMAN, Zygmunt. *Estranhos a nossa porta*. Rio de Janeiro: Zahar, 2017.

BOFF, Leonardo. *Fundamentalismo*: a globalização e o futuro da humanidade. Rio de Janeiro: Sextante, 2002.

CASTELLS, Manuel. *O poder da identidade*. São Paulo: Paz e Terra, 2001.

CASTELLS, Manuel. *Ruptura*: a crise da democracia liberal. Rio de Janeiro: Zahar, 2018.

CUCHE, Denys. *A noção de cultura nas ciências sociais*. Bauru: Edusc, 1999.

ENLOW, Johnny. *A profecia das sete montanhas*. São José dos Campos: Shofar, s.d.

FISHER, Max. *A máquina do caos*: como as redes sociais reprogramaram nossa mente e nosso mundo. São Paulo: Todavia, 2023.

HOBSBAWM, Eric; RANGER, Terence. *A invenção das tradições*. São Paulo: Paz e Terra, 2012.

LABOA, J. María. *Integrismo e intolerancia en La Iglesia*. Madrid: PPC, 2019.

LEVITSKY, Steven; ZIBLATT, Daniel. *Como as democracias morrem*. Rio de Janeiro: Zahar, 2018.

MEDEIROS, T. Isabella; PASSOS, João Décio. Hoje tem rito em latim no retiro da RCC; mapeamentos iniciais para o uso da noção de tradismáticos. *Fronteiras*, Unicap, v. 7, n. 1, 2024, p. 228-249.

PACE, Enzo. A avalanche incontrolável e violenta dos fundamentalismos. *In*: PACE, Enzo et al. (org.). *Fundamentalismos religiosos, violência e sociedade*. São Paulo: Terceira Via, 2017.

TAMAYO, Juan J. *Fundamentalismos y diálogo entre religiones*. Madrid: Trotta, 2004.

TEITELBAUM, Benjamim. *Guerra pela eternidade*: o retorno do tradicionalismo e a ascensão da direita populista. Campinas: Unicamp, 2020.

TOURAINE, Alain. *Poderemos viver juntos?*: iguais e diferentes. Petrópolis: Vozes, 1999.

WEBER, Max. *Economía y sociedad*. México: Fondo de Cultura Económica, 1997.

# 2. Despatriarcalizar o sagrado: uma análise, a partir da teologia política decolonial, da violência religiosa contemporânea

RICARDO GONÇALVES CASTRO[1]

## Introdução

Este foi um texto desafiador de escrever. Através do senso comum, sabemos que o patriarcado existe e resiste, como é possível perceber, nas experiências cotidianas de inúmeras mulheres e homens, principalmente no âmbito da religião e da política. Mas como alguém pode teorizar sobre o patriarcado? É realmente possível ter uma teoria ou mesmo teorias que nos ajudem a compreender as experiências de mulheres e homens nas diversas sociedades e religiões que compõem nosso mundo? Outro desafio é como despatriarcalizar as estruturas sagradas do patriarcado construídas, dissimuladas, ideologizadas pelos processos de colonização que promovem violências de diversos tipos e formas?

---

[1] Possui graduação em Filosofia e Teologia – Missionary Institute of London (1989), graduação reconhecida em Teologia pela Faculdade de São Bento do Rio de Janeiro (2011), mestrado em Ciências da Religião – Katholieke Universiteit Leuven (1990) e doutorado em Teologia das Religiões pela Faculdade de Teologia de N. S. Assunção – São Paulo (2004). Possui doutorado em Teologia Pastoral pela Pontifícia Universidade Católica do Rio de Janeiro (2018 – Puc-Rio). Atualmente é professor da Faculdade Salesiana Dom Bosco, Diretor do Instituto de Teologia, Pastoral e Ensino Superior da Amazônia. E-mail: castrocardo@gmail.com

O projeto de decolonização desafia a hegemonia das epistemologias teológicas ocidentais e das formas coloniais e patriarcais de pensar o sagrado e Deus. Este texto faz uso de metodologias e teorias decoloniais feministas para expor o uso inapropriado de abordagens positivistas/modernistas/universalistas e patriarcais no âmbito teológico, gerador de violência religiosa. Usando de abordagens alternativas e qualitativas presentes em movimentos de mulheres, comunidades eclesiais de base e projetos de ecologia integral, recolhe e reflete possibilidades transformadoras de uma vivência mais diversa e ecológica da vivência do sagrado.

Esse processo de reflexão influenciou o conteúdo e o modo de argumentação desta pesquisa. Escolhemos fazer o seguinte percurso: primeiramente, discutimos a patriarcalização religiosa e social como parte da colonização de corpos, mentes e cosmovisões; nessa etapa também faremos um rápido levantamento dos processos atuais de patriarcalização religiosa e social, presentes nos conservadorismos e fundamentalismos religiosos que se concretizam na violência simbólica misógina, machista e racista. Pretendemos ressaltar como a patriarcalização da sociedade e da religião intenta naturalizar e normatizar as relações sociais e religiosas, rejeitando as pluralidades e diversidades de corpos, sexualidades e expressões do mistério de Deus na vivência humana.

Na segunda etapa, vamos adentrar mais profundamente na compreensão prática do despatriarcalizar, discutindo a compreensão teológica de Deus/Sagrado a partir da crítica decolonial presente nas perspectivas da teologia feminista, do ativismo político, social e religiosos de movimentos sociais de mulheres, comunidades eclesiais de base, pesquisa acadêmica e teologias das masculinidades redimidas.

Finalizando este percurso, propomos a relação entre Deus e maternidade, na perspectiva da ecologia integral, como parte importante do processo de despatriarcalizar o pensamento, o social e a religião.

## 1. Patriarcado e a religião

No Brasil contemporâneo, existe um pluralismo religioso no interior das grandes tradições religiosas que vem das expressões de base cristã, de matriz africana e indígena, além das provenientes de movimentos migratórios ao longo de sua história. A religião de modo geral, de modo especial a de base cristã, possui uma visão patriarcal de Deus e do Sagrado. Essa perspectiva religiosa se tornou a base da sociedade patriarcal junto com a propriedade privada e a sociedade de classes. A religião, nos seus simbolismos, textos, hermenêuticas e epistemologias teológicas, influenciou e normatizou o relacionamento entre homens e mulheres, tanto no seu interno como no âmbito social, consolidando a dominação masculina na estrutura social da sociedade, ajudando assim a reforçar o patriarcado. Muitas das práticas retratadas como parte da cultura ou religião que afetam os direitos humanos, como a noção de autoridade política e poder eclesial, com sua subordinação e domesticação feminina concomitante, são específicas de gênero e preservam o patriarcado às custas dos direitos das mulheres (Saffiotti, 2015).

O catolicismo, como expressão do patriarcado que herdou do judaísmo e das formas históricas romanas e gregas, doutrinariamente está ancorado na continuidade institucional da Igreja primitiva, com a formação do primeiro grupo apostólico de Jesus Cristo. As doutrinas e práticas institucionais patriarcais do catolicismo incluem a convicção de uma sua descendência direta de Jesus Cristo, através de São Pedro, um dos apóstolos, até o atual Papa. Apesar de o Concílio Vaticano II definir a Igreja como Povo de Deus, batizados no mesmo Espírito, os três níveis dos ministérios ordenados são exercidos somente por homens: bispos, padres e diáconos que formam o clero. No contexto atual, as formas patriarcais do catolicismo se expressam no clericalismo e conservadorismos superficiais, principalmente por parte de um grupo importante de padres jovens e bispos eleitos (Brighenti, 2023).

O pentecostalismo é um movimento de renovação dentro do cristianismo protestante que enfatiza uma experiência pessoal com Deus por meio do batismo com o Espírito Santo. Os pentecostais acreditam que o batismo no Espírito Santo está disponível para todos os cristãos que se arrependem do pecado e nascem de novo. Segundo Castro (2020), o desenvolvimento rápido do pentecostalismo na Amazônia se deu a partir da combinação de duas vertentes patriarcais: uma de origem europeia e outra nordestina. Esse fenômeno ocorreu em uma sociedade nortista entre as décadas de 1930 e 1960, marcada por uma base colonial pré-industrial. Nesse contexto, o catolicismo predominava como religião, e o sistema social e político era estruturado em torno do latifúndio, do coronelismo e do patrimonialismo, influenciando tanto na esfera pública quanto na privada.

É nesse contexto que a pesquisa verifica o nexo entre gênero, religião e patriarcado levantando as seguintes questões: as mulheres são livres para aspirar a qualquer posição na Igreja? Por que as mulheres não são encontradas em posições de destaque na hierarquia da Igreja? Existe, de fato, igualdade de pessoas na Igreja? O gênero desempenha algum papel nas alocações de funções na Igreja? Até que ponto é verdadeira a afirmação de que o cristianismo reforça o patriarcado? As feministas veem a sociedade como patriarcal, baseada na dominação masculina. Na perspectiva de Gebara, a religião cristã é uma instituição patriarcal que reflete e perpetua desigualdades de gênero. Em suas obras, ela argumenta que as estruturas religiosas, especialmente no contexto do cristianismo, são frequentemente moldadas por narrativas e práticas que favorecem a hegemonia masculina, relegando as mulheres a papéis secundários e limitados. A religião, em sua forma tradicional, é uma construção social que reflete as relações de poder patriarcais. Isso se manifesta na maneira como as mulheres são frequentemente excluídas dos principais espaços de decisão e liderança dentro das instituições religiosas (Gebara, 2017).

A história da religião argumenta que as mulheres nem sempre foram subordinadas aos homens dentro da religião. Armstrong (2000) postula que a religião primitiva frequentemente colocava as mulheres no centro. No entanto, a partir de cerca de quatro mil anos atrás, a ascensão das religiões monoteístas viu o estabelecimento de um único

## 2. Despatriarcalizar o sagrado

Deus masculino todo-poderoso, como o Javé dos hebreus, e profetas masculinos como Abraão/Ibrahim, o primeiro profeta do judaísmo, cristianismo e islamismo. Embora a religião possa ser usada para oprimir as mulheres, Nawal El Saadawi argumenta que ela não é a causa direta de sua subordinação. Em vez disso, isso é o resultado de formas patriarcais de sociedade surgidas nos últimos milênios. Os homens das religiões patriarcais reinterpretaram as crenças religiosas de maneira a favorecer seu domínio; portanto, a religião agora contribui para a opressão das mulheres (El Saadawi, 2015).

## 2. A patriarcalização do sagrado e a violência

A religião, mesmo com as previsões da modernidade de seu fim, ainda hoje é fundamental para uma grande parte da humanidade. Cada religião, com seus sistemas de crenças, simbologia e rituais, molda diretamente a cultura de seus crentes. A religião tem um grande impacto nas relações de gênero, atitudes e crenças. O impacto da religião nas atitudes de gênero é amplamente argumentado como o resultado do papel da religião na legitimação de desigualdades dentro das sociedades, de modo que indivíduos religiosos tendem a manter valores menos igualitários com base na crença de que essas desigualdades são justificadas e baseadas em uma ordem natural.

A religião patriarcal violenta as mulheres por meio do uso preponderante da linguagem masculina de Deus, seus ensinamentos tradicionais sobre a inferioridade das mulheres e os códigos domésticos prescritos por todas as religiões, que determinam a subordinação e a passividade das mulheres. O patriarcado em diferentes religiões acorrenta as mulheres a práticas ortodoxas até hoje, especialmente por meio de crenças religiosas que ameaçam e proíbem a utilização de uma quantidade ilimitada de talentos e habilidades dentro delas. A representação das mulheres na sociedade, frequentemente marcada por uma lógica de violência, é um reflexo do patriarcado. A linguagem utilizada em discursos públicos e privados muitas vezes deslegitima as experiências femininas, contribuindo para um ambiente onde a violência é normalizada.

A patriarcalização tem feito violência às mulheres, por milênios, por meio do uso preponderante da linguagem masculina para Deus. Seus ensinamentos tradicionais sobre a inferioridade das mulheres e os códigos domésticos prescritos por todas as religiões determinam a subordinação e a passividade das mulheres. As imagens de Deus nas Escrituras e na oração litúrgica são predominantemente masculinas: Senhor, Rei, Pai, Todo-Poderoso. A opressão das mulheres por meio de estruturas sociais patriarcais aumenta no contexto religioso, uma vez que a presumida masculinidade de Deus e a identidade masculina de Jesus são usadas para justificar a subordinação das mulheres e exclusão de funções religiosas (Castro, 2020).

O que se pode perceber é que foram feitas tentativas de colonizar os outros, injetando um complexo de medo em suas mentes (Delumeau, 2009). A estratégia psicológica maliciosa foi injetar o complexo de medo na mente das pessoas em nome de um Deus autoritário, bélico e justiceiro. Aparentemente, em todos os lugares na religião o complexo de medo e da culpa foi criado nas mentes humanas. Principalmente para as mulheres, muitas regras, regulamentos e tabus inflexíveis foram elaborados para que elas respeitassem os homens e ficassem diante deles com admiração e mãos postas. Mas, para os homens, não existem tais regras e regulamentos, sendo que os que existem promovem privilégios e domínios.

A patriarcalização reprime as mulheres, desconsiderando-as e maltratando-as em quase todas as religiões importantes do mundo. A socialização feminina tem mais probabilidade de se alinhar a valores comumente encontrados na religião, como mediação de conflitos, ternura e humildade. Em contraste, a socialização masculina tem mais probabilidade de enfatizar o poder e a dominação, tornando os aspectos patriarcais da religião bastante atraentes (Daly, 1973). A exploração e a submissão de mulheres por meio da religião estão enraizadas no paradigma teológico, germinadas das palavras e ilustrações abusivas que foram usadas em mitos e livros sagrados para descrever as mulheres. Interpretações literais desses textos resultam na crença da inferioridade das mulheres em relação aos homens.

O Antigo Testamento enquadra vigorosamente a religião como uma construção patriarcal na história do Gênesis (Fiorenza, 2009). A história de Eva forneceu aos homens a razão pela qual eles deveriam restringir a liberdade social, sexual, religiosa, política e econômica das mulheres. Além disso, há histórias como a Caixa de Pandora, como encontramos nos mitos gregos, na qual uma mulher libera todas as tristezas e sofrimentos no mundo. As mulheres são geralmente consideradas males naturais (Armstrong, 2008).

O patriarcado como ideologia universal produziu estereótipos de gênero dentro da religião, começando pelos capítulos primeiros da história bíblica. Consequentemente, a literatura religiosa, que tinha a tradição clássica e ascética como sua principal fonte, reforçou as mesmas imagens femininas. Além disso, o cânone tradicional falhou em criar modelos femininos alternativos para a oposição binária de esposas submissas *versus* a figura feminina maligna.

## 3. Despatriarcalizar o sagrado

Decolonizar a teologia é se engajar em um processo de contestação, crítica e reformulação criativa das instituições e categorias imperiais, patriarcais e coloniais do cristianismo. A teologia feminista pós-colonial se preocupa em decolonizar a teologia tanto como uma disciplina acadêmica quanto como um elemento constitutivo na prática religiosa, primeiro removendo elementos coloniais, como doutrinas de Deus e teologias existentes, e reimaginando-as ou substituindo-as. A teologia é tanto o tema da descolonização quanto um meio por meio do qual a transformação descolonizada do cristianismo pode ser alcançada.

O feminismo decolonial é uma vertente do feminismo que busca questionar e desconstruir as narrativas coloniais e eurocêntricas que dominam a teoria e a prática feministas tradicionais. Ele enfatiza a importância de considerar as experiências de mulheres racializadas e marginalizadas, e como suas opressões estão interligadas ao legado do colonialismo e imperialismo. Nas religiões, homens e mulheres recebem papéis "naturais" que se concentram no papel doméstico para as mulheres e no papel de provedor para os homens. Isso significa claramente que em muitos grupos religiosos espera-se que as mulheres sejam dependentes dos homens, enquanto os homens devem desempenhar um papel dominante no fornecimento de necessidades básicas para a casa (Castro, 2020). Como consequência, os homens, especialmente por meio de suas crenças religiosas, ameaçam e proíbem a utilização de uma quantidade ilimitada de talentos e habilidades dentro deles.

## 4. Despatriarcalizar Deus e o sagrado

Uma das principais preocupações da teologia feminista tem sido o gênero de Deus. Phyllis Trible (1986) em sua obra *God and rhetoric of sexuality*, é pioneira nessa questão. Ao explorar as imagens de Deus, analisa como a linguagem e a imagem de Deus, predominantemente masculinas, têm moldado a compreensão do divino e contribuído para a opressão das mulheres. No imaginário cristão ocidental, Deus é predominantemente masculino. "Ele" é chamado de "Pai", "Filho" e "Rei", abordado com pronomes masculinos e retratado como um homem branco barbudo.

A masculinidade de Deus tornou-se associada ao "seu" poder, santidade e transcendência acima e além do mundo físico. Esse alinhamento também estabelece uma conexão entre todas as coisas que Deus não é – feminino, fraco, corporificado e mundano. O modelo de Deus como um ser destacado, masculino, todo-poderoso e transcendente tem sido um princípio central do dualismo cósmico encontrado em grande parte da teologia cristã, revelado em uma série de oposições binárias fundamentais.

Essas oposições implicam que a criação, o mundo físico e a corporificação humana estão abaixo, são menores e restritos por seus limites materiais. Dessa crença subjacente sobre a natureza

## 2. Despatriarcalizar o sagrado

de Deus e dos seres humanos emerge uma hierarquia paralela que coloca os homens acima das mulheres e o colonizador acima do colonizado; algumas pessoas são consideradas mais próximas de Deus (Castro, 2020).

O corpo, associado à feminilidade e à fraqueza, é visto com suspeita e imaginado como um obstáculo às tentativas do homem cristão de transcender (para longe) do mundo material. As mulheres, por outro lado, são consideradas menos capazes ou incapazes de fazê-lo. A ideia de superar as limitações da corporeidade permitiu que teólogos masculinos de elite negligenciassem o significado dos relacionamentos que sustentam a vida física, particularmente relacionamentos íntimos de interdependência – maternidade, por exemplo – que foram considerados responsabilidade das mulheres.

A linguagem utilizada para descrever Deus muitas vezes valida papéis estereotipados de gênero, reforçando a dominação masculina e a subordinação feminina. A história das religiões sustenta que em certo momento da história as mulheres puderam encontrar na imagem das deusas femininas sua semelhança, assim como homens podiam encontrar em seus deuses masculinos. Mulheres podiam falar com suas deusas e eram fortalecidas por meio de suas sacerdotisas. Com a absolutização da religião monoteísta e a adoração de um só Deus todo-poderoso e masculinizado, as mulheres têm seu acesso a Deus quase que totalmente impedido. Apesar de o Deus hebraico ser primariamente concebido sem sexo e gênero, ele será sempre percebido, principalmente a partir da linguagem, como um Deus--Pai masculino. Como resultado, nasce um sacerdócio totalmente masculino da ordem de Melquisedec (Castro, 2020).

A hermenêutica bíblica feminista busca desconstruir a mentalidade patriarcal presente nos textos sagrados e ressignificar as identidades que eles estabelecem (Fiorenza, 2009). Nessa hermenêutica, busca--se reinterpretar passagens bíblicas que têm sido tradicionalmente usadas para justificar a opressão das mulheres, oferecendo leituras que promovem a igualdade e a dignidade feminina. As intérpretes feministas analisam o contexto histórico e cultural em que os textos foram escritos para entender melhor como as normas de gênero da época influenciaram as narrativas bíblicas. Nessa dinâmica, busca-se recuperar e destacar as vozes e experiências das mulheres na Bíblia, incluindo figuras muitas vezes esquecidas ou marginalizadas. Muitas teólogas feministas incorporam uma perspectiva interseccional, considerando como raça, classe, sexualidade e outras identidades afetam a compreensão e a experiência das mulheres. O ponto de partida dessa hermenêutica será sempre as vivências de mulheres como uma fonte de conhecimento e compreensão teológica, reconhecendo que as experiências pessoais podem iluminar a interpretação das escrituras.

Despratiarcalizar significa recuperar imagens femininas e maternais de Deus, enfatizando a necessidade de uma linguagem inclusiva que reflita a diversidade das experiências humanas. O cristianismo tem usado a linguagem patriarcal por séculos. Na superfície, a linguagem, as representações pictóricas e a iconografia têm sido dominadas pelos homens. Só recentemente a Igreja permitiu que as mulheres ocupassem os cargos mais altos, mas a linguagem mudou muito pouco. A despatriarcalização tem de desconstruir a antiga hierarquia e sistema de comunicação se quiser um Deus mais holístico de gênero (Candiotto, 2021).

Parábolas ou histórias têm desempenhado um papel importante na comunicação da mensagem cristã. Muitos líderes religiosos têm usado a narrativa para comunicar verdades filosóficas complicadas. A mensagem e o significado podem ser muito diferentes. O estilo narrativo de uma parábola nem sempre carrega uma mensagem clara. Metáforas emprestadas da sexualidade e do gênero são usadas para descrever o relacionamento entre Pai, Filho e Espírito Santo: as metáforas envolvem procriação por e de Deus (Johnson, 2024). A procriação surge da antiga teoria da procriação, segundo a qual o homem gera vida de sua "semente", enquanto a mulher é vista como o "receptáculo", fornecendo o "material" sem forma para a nova vida. No mundo antigo, o homem era dominante; portanto, a narrativa cristã veio de uma voz predominantemente masculina usando olhos masculinos em um mundo de homens. Despatriarcalizar significa atualizar a compreensão de procriação como uma inter-relação mútua dos sexos, na geração do novo ser.

## 5. A maternidade de Deus na era da ecologia integral

Afirmar que Deus se faz presente no mundo como mãe, amante e amiga dos menores e últimos de toda a criação é caracterizar o Deus do Reino, anunciado por Jesus Cristo, como um amor radical, surpreendente e em constante revelação na história. Nossa intenção é explorar as possibilidades de expressar esse amor por meio de imagens que representam os relacionamentos humanos mais íntimos e significativos – aqueles entre mãe e pai, mãe e filho, amante e amado, amiga e amigo, da amizade social de Francisco. Propomos que essas metáforas sejam usadas para representar, em nosso tempo, as atividades criadoras, redentoras, políticas e sustentadoras de Deus em relação à criação e às criaturas. Juntas, essas três metáforas – Deus como mãe, amante e amiga – formam uma "trindade" que expressa o amor radical, agregador e recíproco de Deus pela sua criação e da criação que anseia por plenitude (Johnson, 2024).

Em outras palavras, defendemos que a imagem de Deus como Mãe criadora do universo represente Deus como um criador profunda e radicalmente comprometido com a vida em todas as suas manifestações e níveis. Deus, como Mãe, está ao lado da vida em si. A vida não é algo estranho a Deus; nasce de suas entranhas, na carne, como o corpo, que não é idêntico a Deus, mas expressa o próprio ser de Deus; os bebês, embora independentes, carregam a genética de suas mães e pais (Boff, 1999).

Ademais, consideramos que a imagem de Deus como o amante da criação e de suas criaturas representa Deus como um amor apaixonante redentor, salvífico, cuja paixão – tanto no desejo quanto no sofrimento junto ao amado e à amada – visa curar e reunir todas as coisas em si. Deus como amante valoriza a vida e considera sua criação atraente e preciosa, assim como os amantes se enxergam em seus amados.

Por fim, a imagem de Deus como amigo retrata Deus como um sustentador cuja presença imanente é um companheiro fiel, trabalhando reciprocamente conosco para trazer cura a todas as partes do corpo. Deus como amigo necessita de nós como colaboradores no projeto mútuo de levar realização a toda a criação (Moltmann, 2004).

Na superação dos dualismos binários, próprios do pensamento colonial, os três amores – criativo, salvífico e sustentador – estão interligados, pois cada um aponta para um desejo de união; cada um, de sua maneira particular, destaca a inter-relação e a interdependência de toda a vida. O amor criativo (ou *ágape*) é o amor de Deus pelo ser em sua totalidade; é a afirmação de todas as criaturas pela maternidade criadora, que incorpora tudo o que existe. O amor salvífico (ou *éros*) é a manifestação apaixonada – a "encarnação" – do amor divino por nós, os amados; ele se estende até os confins do mundo para que não haja dúvidas de que os últimos e os menores sejam libertos e incluídos. O amor sustentador (ou *philía*) é o amor imanente e companheiro de Deus que permanece sempre conosco enquanto trabalhamos juntos rumo à realização plena de tudo, onde Deus será tudo em todas as suas criaturas (McFague, 1996). Dessa visão, pode brotar um estilo de vida cristão inspirado no Deus materno, amante e amigo, comprometido com a promoção imparcial da vida em suas diversas formas. Nessas vivências, não há espaços para hierarquias colonizadoras e excludentes de corpos e diversidades, mas somente um chamado a uma convivência profunda, redentora e celebrativa dos dons divinos e maternos da Deusa.

## Considerações finais

A proposta central desta pesquisa foi discutir teorias que ajudem a compreender a violência do sagrado patriarcal presente nas religiões e de modo específico no cristianismo, para despatriarcalizar estruturas e crenças sagradas patriarcais construídas e perpetuadas por processos coloniais. O que percebemos é que ocorreu um processo violento de patriarcalização do sagrado e de Deus, tanto religiosa, como social e política. A colonização naturalizou, divinizou e normatizou relações sociais e religiosas patriarcais. Hoje essas crenças se apresentam nas formas de conservadorismos e fundamentalismos religiosos. A despatriarcalização, usando de uma análise crítica decolonial e das perspectivas da teologia feminista, desafia esses pressupostos e divinizações patriarcais do sagrado. A compreensão da maternidade criadora de Deus buscou refletir sobre a relação entre Deus e maternidade sob a perspectiva da ecologia integral e verificar como essa relação pode contribuir para a despatriarcalização do pensamento, das estruturas sociais e religiosa, propondo alternativas transformadoras para uma vivência mais inclusiva e ecológica do sagrado.

## Referências

ARMSTRON, Karen. *Uma história de Deus*. Rio de Janeiro: Companhia de Bolso, 2000.

BOFF, Leonardo. *O rosto materno de Deus*: ensaio interdisciplinar sobre o feminino e suas formas religiosas. 2. ed. Petrópolis: Vozes, 1999.

BRIGHENTI, Agenor. *O novo rosto do catolicismo brasileiro*: clero, leigos, religiosas e perfil dos padres novos. Petrópolis: Vozes, 2023.

CANDIOTTO, Jaci de Fátima Souza. A despatriarcalização de Deus na teologia feminista. *Revista Estudos Feministas*, v. 29, n. 3, 2021. Disponível em: https://periodicos.ufsc.br/index.php/ref/issue/view/3094. Acesso em: 3 jan. 2025.

CASTRO, Ricardo. *Amazônia*: novos caminhos nas relações entre homem e mulher. São Paulo: Paulinas, 2020.

DALY, Mary. *Beyond God the father*: toward a philosophy of women's liberation. Boston, MA: Beacon Press. 1973.

DELUMEAU, Jean. *História do medo no ocidente*: 1300-1800. São Paulo: Companhia de Bolso, 2009.

EL SAADAWI, Nawal. *Woman at point zero*. London: Zed Books, 2015.

FIORENZA, Elisabeth Schüssler. *Caminhos de sabedoria*. São Paulo: Nhanduti, 2009.

FRANCISCO. *Carta Encíclica "Fratelli tutti"*. Brasília: CNBB, 2020.

GEBARA, Ivone. *Mulheres, religião e poder*: ensaios feministas. São Paulo: Terceira Via, 2017.

JOHNSON, Elizabeth. *A busca do Deus vivo*: mapeando fronteiras na teologia de Deus. Petrópolis: Vozes, 2024.

McFAGUE, Sallie. *Modelos de Deus*: teologia para uma era ecológica e nuclear. São Paulo: Paulus, 1996.

MOLTMANN, Jürgen. *Deus na criação*: doutrina ecológica da criação. Petrópolis: Vozes, 2004.

SAFFIOTI, Heleieth Iara Bongiovani. *Gênero, patriarcado, violência*. 2. ed. São Paulo: Expressão Popular/Fundação Perseu Abramo, 2015.

TRIBLE, Phyllis. *God and the Rhetoric of Sexuality*. Philadelphia: Fortress Press, 1986.

# 3. De pesadelos apocalípticos a sonhos de domínio: expectativas escatológicas pentecostais entre crenças e práticas

DANIEL ROCHA[1]

## Introdução

Salvador, Carnaval de 2024. Em meio à folia do Carnaval da capital baiana, uma inusitada polêmica repercutiu pelo Brasil. A cantora Baby do Brasil – outrora Baby Consuelo –, em frente a uma multidão ansiosa para se divertir ao som dos trios elétricos, pediu a palavra a Ivete Sangalo e fez um inesperado alerta ao público: "Todos atentos, porque nós entramos em apocalipse. O arrebatamento tem tudo para acontecer entre 5 e 10 anos. Procure o Senhor enquanto é possível achar!". Aparentemente atônita com a declaração, Sangalo logo retrucou dizendo: "Eu não vou deixar acontecer, porque não tem apocalipse certo quando a gente maceta o apocalipse!". Em entrevista ao canal G1, após a repercussão do episódio, Baby do Brasil reafirmou seu posicionamento: "O mundo está louco, o apocalipse tem de acontecer, não tem jeito. É a única maneira de Deus interferir na terra, porque os anjos caídos já estão todos aqui embaixo, já está virando zona. O arrebatamento é maravilhoso, é para as pessoas do bem. Seremos arrebatados".

Rio de Janeiro, Assembleia de Deus Vitória em Cristo, julho de 2019. A igreja presidida pelo conhecido pastor Silas Malafaia

---

[1] Doutor em História pela Universidade Federal de Minas Gerais (UFMG). Doutorando na Italian Doctoral School of Religious Studies (Drest) – Università Degli Studi di Modena e Reggio Emilia / Facoltà Valdese di Teologia. E-mail: danielrochabh@gmail.com

convidou como palestrante de um evento chamado "Ignição" o escritor e pregador norte-americano Johnny Enlow. Falando sobre o conteúdo do seu livro *O renascimento dos sete montes: visão e estratégia até o ano 2050*, que estava sendo lançado para o público brasileiro, Enlow fez algumas considerações sobre o subtítulo da obra: "Se você está se perguntando: você está dizendo que Jesus não voltará antes de 2050? Eu digo a vocês que tive visões de coisas que Deus vai fazer em 2050 e Ele ainda não terá voltado. E o que nós queremos fazer aqui é instigar vocês a pensar em longo prazo". Deus agiria nos anos vindouros através do seu povo renovando e reformando nações não apenas espiritualmente, mas transformando realidades políticas, educacionais, sociais e culturais.

Os discursos e elementos acionados nos dois episódios são familiares nas igrejas pentecostais brasileiras hoje. Além disso, refletem dois extremos do pêndulo escatológico herdado do protestantismo anglófono sobre o fim dos tempos e, em especial, o reinado milenar de Cristo. De modo geral, as perspectivas teológicas se dividem entre pré-milenarismo e pós-milenarismo. Embora haja variações dentro dessas correntes, o pré-milenarismo defende que o reinado milenar ocorrerá após a Segunda Vinda de Cristo, enquanto o pós-milenarismo o reino milenar precederia o retorno de Jesus, cuja vinda marcaria o final do milênio e o início da eternidade na Nova Jerusalém. O pré-milenarismo, comum entre grupos que veem a sociedade como irremediavelmente degradada, adota um viés pessimista sobre a história e a ação humana. Já o pós-milenarismo tende a aproximar poder temporal e divino, entendendo o Reino de Deus como uma realidade em curso, transformando o mundo pela atuação dos cristãos.

Por muito tempo, estudiosos identificaram a crença na perspectiva pré-milenarista como um elemento central para entender a apatia política e o sectarismo que caracterizavam as igrejas pentecostais brasileiras. Essa posição escatológica, juntamente com a crença na iminente volta de Cristo, enquadra os esforços humanos para transformar a sociedade como fúteis, enfatizando a salvação das almas em meio à decadência moral e guerras, com a paz sendo uma esperança

3. De pesadelos apocalípticos a sonhos de domínio

reservada para o reino milenar de Cristo. No entanto, desde a última década do século XX, uma mudança gradual tem ocorrido. Grandes denominações pentecostais e neopentecostais agora participam ativamente do processo político-eleitoral no Brasil, desafiando suposições anteriores sobre sua postura apolítica. Muitos têm relacionado essa mudança no campo político a uma incorporação de elementos da chamada Teologia do Domínio, na qual os crentes se percebem como agentes de transformação social, encarregados de estabelecer o Reino de Deus na Terra por meio da conquista do "domínio" sobre as esferas da vida política e cultural do país.

Neste texto, faremos uma breve reflexão sobre as relações entre crenças escatológicas e práticas políticas no pentecostalismo brasileiro. Tendo em vista o fato de que, apesar da mudança no *modus operandi* na arena política e da difusão de elementos da Teologia do Domínio, o pré-milenarismo continua sendo a teologia oficial da maioria das denominações pentecostais. Esta reflexão procura evidenciar as limitações da teologia, por si só, na explicação das práticas políticas pentecostais, ao situar o impacto das crenças escatológicas dentro de dinâmicas institucionais, sociais e culturais mais amplas.

## 1. "Procure o Senhor enquanto é possível achar!"

Nos seus primeiros anos, no início do século XX e no contexto norte-americano, o movimento pentecostal caracterizava-se por certa aversão à teologia acadêmica, pela primazia da oralidade em detrimento dos textos escritos e por cultos marcadas pela emoção e espontaneidade no "mover do Espírito", com destaque para as manifestações de glossolalia e as experiências de cura divina. A questão escatológica rapidamente se tornou central entre os pentecostais, pois muitos acreditavam que essa nova atuação do Espírito Santo era um sinal da iminência da Segunda Vinda de Cristo, desta vez "para estabelecer o seu reino visível" (Cox, 1995, p. 47). A espontaneidade, a oralidade e as novas revelações do Espírito foram gradualmente cedendo espaço à incorporação de princípios fundamentalistas e sua interpretação literalista dos textos bíblicos. Dessa forma, as igrejas pentecostais que começaram a se organizar institucionalmente nos Estados Unidos a partir da década de 1910 acabaram adotando vários dos princípios fundamentalistas, entre eles a interpretação pré-milenarista/dispensacionalista no campo da escatologia.

O dispensacionalismo é uma perspectiva pré-milenarista que entende que a Bíblia apresenta uma divisão da história em sete eras ou "dispensações". C. I. Scofield (1967, p. 5), o principal divulgador das crenças dispensacionalistas nos Estados Unidos no início do século XX, afirmava que "uma dispensação é um período de tempo durante o qual o homem é testado em relação à sua obediência a alguma revelação específica da vontade de Deus". Essas dispensações seriam as seguintes: inocência, consciência, governo humano, promessa, lei, graça ou período da Igreja e, por fim, milênio. Entendia-se que estaríamos vivendo no final da sexta dispensação, às portas dos sete anos de reinado do Anticristo na chamada Grande Tribulação. Esta teria início com o arrebatamento dos cristãos – aquele anunciado por Baby do Brasil – e se encerraria com o retorno destes junto com Jesus em sua Segunda Vinda. No arrebatamento, Cristo viria somente *para* os seus santos. Na Segunda Vinda, Cristo viria *com* os seus santos para derrotar o Anticristo e inaugurar o milênio.

Entre os pentecostais brasileiros, a perspectiva pré-milenarista e dispensacionalista ainda é a narrativa majoritária na área da escatologia, e importantes estudiosos do pentecostalismo vincularam a apatia política, o sectarismo e o desinteresse por questões sociais dos pentecostais a essa perspectiva escatológica pré-milenarista. Por que se engajar politicamente se não se poderia esperar nada de melhor deste mundo antes da volta de Jesus? Como buscar uma sociedade cristã se as instituições mundanas estavam sob a influência "demoníaca" e todo o planeta seria em breve subjugado por uma liderança política manipulada pelo próprio Satanás? Entre os pesquisadores brasileiros que se dedicaram ao estudo das práticas sociais e políticas dos pentecostais, o livro *O refúgio das massas*, do suíço Christian Lalive D'Epinay (1970), exerceu um grande impacto.

## 3. De pesadelos apocalípticos a sonhos de domínio

Muitas das percepções desse autor sobre o pentecostalismo chileno foram "transplantadas" para as análises do pentecostalismo brasileiro. Para D'Epinay, uma característica central da visão pentecostal do mundo é a radical separação entre a "vida espiritual" e as "coisas do mundo". A vida cristã deveria ser pautada pela busca da salvação e santificação pessoal. Uma das implicações diretas de tal visão de mundo seria a alienação política que caracterizava os pentecostais pesquisados por D'Epinay: "Para a maioria deles, a política (tomada em sentido amplo que engloba também o econômico e o social) não tem nada a ver com o Evangelho" (D'Epinay, 1970, p. 178). Uma das bases teológicas que embasariam tal posicionamento seria a hegemônica perspectiva escatológica pré-milenarista: "O Reino de Deus virá do céu; é radicalmente diferente e não poderia inscrever-se no prolongamento de uma ação humana. Essa concepção escatológica significa (mais do que determina) a passividade sociopolítica do pentecostalismo" (D'Epinay, 1970, p. 200).

Pesquisadores do pentecostalismo brasileiro chegaram a conclusões semelhantes às de D'Epinay. Segundo Antônio Gouvêa de Mendonça, a escatologia pré-milenarista não deixou espaços para "teorias que defendiam a ação direta dos indivíduos e da Igreja na condução das coisas 'deste mundo'" (Mendonça, 2004, p. 70). O pré-milenarismo seria, na opinião do historiador Paulo Siepierski (2004, p. 81), o "responsável" por uma separação do mundo por parte daqueles que o confessam: "Essa separação revela-se, por exemplo, no desprezo ao prazer, no isolamento cultural, na passividade sociopolítica e no pessimismo em relação a qualquer esforço para transformação da sociedade". Para Saulo Baptista (2009, p. 80), "essa concepção do fim da história explica por que o pentecostal não participa dos movimentos sociais e das ações políticas com o propósito de construir uma sociedade melhor". O autor vai mais longe quando afirma que "há uma tendência do pentecostal esperar (desejar) que a situação piore rapidamente para que Cristo volte logo". Mais do que determinante dessa visão negativa da política, o pessimismo escatológico dos pentecostais seria uma expressão de descontentamento de um grupo religioso minoritário, muitas vezes discriminado e composto de fiéis que se encontravam nos estratos economicamente inferiores da sociedade. Os "sinais dos tempos" não indicavam a possibilidade de um período de paz e prosperidade para os pentecostais na terra. Isso só seria viável após a intervenção sobrenatural de Deus na história e a Segunda Vinda de Jesus Cristo.

Entretanto, mesmo observadores pouco atentos ao cenário religioso brasileiro podem notar que características como o sectarismo, o desinteresse pela política e a rejeição às "coisas do mundo" já não definem a maior parte do pentecostalismo no Brasil. Se a escatologia pré-milenarista era a razão do sectarismo e do "pessimismo" sociopolítico, por que a postura dos pentecostais diante do "mundo" mudou se a crença escatológica "oficial" permaneceu a mesma?

## 2. Pensando em longo prazo

O atual engajamento político dos pentecostais na política brasileira teve seus primórdios durante a Guerra Fria e o regime civil-militar (sempre em reação à ameaça do comunismo ateu), mas a participação efetiva dos pentecostais na política eleitoral, por meio da mobilização das lideranças e da escolha de candidatos ligados às suas denominações, só tomou forma às vésperas das eleições para a Assembleia Nacional Constituinte em 1986. Difundiu-se desde então a ideia de que a eleição de "homens de Deus" era essencial para evitar ameaças percebidas pelos pentecostais, como o restabelecimento do catolicismo como religião oficial, a legalização das drogas e do aborto e outras medidas que colocassem em risco os "valores da família".

Entretanto, nos últimos anos observa-se uma mudança do tom do discurso de lideranças pentecostais na política brasileira: uma passagem de um posicionamento reativo e limitado à defesa dos valores e interesses de um grupo minoritário para outro discurso marcado pela cristianização da sociedade, um discurso marcado pela presença de elementos da chamada Teologia do Domínio. De forma bem sucinta, podemos dizer que o que se chama de Teologia do Domínio é um

## 3. DE PESADELOS APOCALÍPTICOS A SONHOS DE DOMÍNIO

conjunto de crenças que atribui aos cristãos um mandato divino para governar e influenciar todas as esferas da sociedade. Sua base teológica encontra-se na ideia do *Dominion Mandate*, extraído do relato bíblico do Gênesis sobre Adão e Eva, onde Deus concede ao homem o poder de dominar a Terra. A ideia de domínio seria a inspiração teológica para projetos de cristianização da sociedade *top to bottom* difundidos por lideranças religiosas e incorporados em discursos de alguns políticos de destaque.

Nos Estados Unidos, setores conservadores do calvinismo, de tradição pós-milenarista, criticaram fortemente o dispensacionalismo e seus impactos na participação política e social dos cristãos. Dentro dessa tradição, destacou-se o teólogo Rousas J. Rushdoony, principal ideólogo do Reconstrucionismo Cristão, movimento que defende a reconstrução da sociedade e suas instituições com base nos padrões bíblicos, especialmente nas leis do Antigo Testamento. A difusão da Teologia do Domínio entre os pentecostais ocorreu nas últimas décadas por meio de uma estratégia de disseminação de valores reconstrucionistas na subcultura evangélica. Figuras como Gary North, genro de Rushdoony e importante nome do fundamentalismo protestante norte-americano, foram essenciais nesse processo. North e outros pensadores expandiram o alcance do Reconstrucionismo por meio da educação cristã e de alianças com líderes carismáticos, facilitando a adoção, por parte de segmentos pentecostais, de ideias que enfatizam a transformação das estruturas sociais e políticas segundo princípios bíblicos.

No Brasil, a Teologia do Domínio se consolidou com um viés nitidamente pentecostal e amalgamado com elementos da Teologia da Prosperidade e da batalha espiritual. A principal influência entre lideranças pentecostais brasileiras é a perspectiva de Teologia do Domínio sustentada pelo teólogo e pastor norte-americano C. Peter Wagner – que tem extensa bibliografia traduzida em português e já esteve no Brasil divulgando os princípios da Teologia do Domínio – que combina elementos reconstrucionistas da ideia de mandato cultural de "cristianizar" todas as áreas da existência e atuação dos homens com noções pentecostais de batalha espiritual. Wagner também é um grande divulgador do chamado "mandato dos sete montes", segundo o qual os cristãos devem gradualmente influenciar e assumir o controle das sete principais esferas da sociedade: religião, família, educação, mídia, governo, artes e negócios. Esse modelo parte da ideia de que a transformação social não ocorre de maneira instantânea, mas exige um processo de longo prazo, no qual crentes comprometidos com os valores do Reino de Deus ocupem posições estratégicas nessas áreas.

Dessa forma, a Teologia do Domínio tem importantes implicações no campo da escatologia. Trata-se de uma tendência assumidamente pós-milenarista. Assim como os reconstrucionistas, os divulgadores da Teologia do Domínio colocaram o combate ao que entendem como consequências da crença pré-milenarista entre uma de suas prioridades, criticando princípios e crenças fundamentais do sistema dispensacionalista – inclusive a ideia de arrebatamento – e rejeitando a ideia de que "o mundo se deteriorará cada vez mais até que Jesus retorne para estabelecer o milênio" (Ingersoll, 2024, p. 5). Entendiam que se tratava de um entrave ao avanço à conscientização dos cristãos sobre o mandato divino de exercer o domínio. Alguns adeptos dos princípios do Domínio, como Peter Wagner, afirmam que sua conscientização sobre o mandato do Domínio o levou a mudar sua perspectiva escatológica. "Deus nos ordena a participar ativamente de uma transformação social profunda [...]; Já não aceitamos a ideia de que a sociedade se deteriorará cada vez mais, pois agora cremos que o propósito de Deus é transformá-la para que ela melhore continuamente" (Wagner, 2022, p. 61).

## 3. Entre crenças e práticas

Muitas análises sobre a relação entre crenças escatológicas e apatia ou engajamento dos pentecostais na política brasileira têm se ancorado em uma relação direta entre crenças e práticas. As primeiras interpretações indicavam que a apatia seria inspirada por uma

## 3. De pesadelos apocalípticos a sonhos de domínio

visão pessimista, que apontaria para um período de redenção que só ocorreria após a Segunda Vinda de Cristo. Se essa premissa se sustenta, uma mudança no comportamento político deveria, portanto, ser precedida por uma mudança no campo das ideias. A popularização da Teologia do Domínio e sua perspectiva pós-milenarista apareceria então como essa base teológica/ideológica que legitimou essa mudança e que fez os pentecostais abandonarem a postura de "o crente não mexe com política" para "vamos ganhar o Brasil para Jesus".

Essas interpretações são marcadas pela premissa de que as práticas de grupos e indivíduos religiosos seriam essencialmente orientadas por crenças. Gostaríamos aqui de discutir alguns questionamentos em relação a esse tipo de interpretação, questionamentos esses ancorados nos debates contemporâneos sobre o próprio conceito de religião. Pesquisadores como Talal Asad (1993), Bruce Lincoln (2003), Sean McCloud (2017) e Donald Lopez Jr. (1998) têm levantado uma série de críticas à noção amplamente difundida de que religião seria basicamente um "sistema de crenças" e de que essas crenças determinariam ou condicionariam práticas específicas, inclusive no campo da política. Essa concepção de religião ganhou força após a Reforma Protestante e se consolidou no Iluminismo, refletindo uma perspectiva ocidental que, de forma implícita, adotou o protestantismo como paradigma de "religião", enfatizando a interioridade e a "crença pessoal". Como argumenta Asad, essa visão ignora a influência das relações de poder e das estruturas sociopolíticas na configuração das práticas religiosas em diferentes sociedades. Lopez Jr. (1998, p. 34) destaca que a questão central não reside na mera existência ou ausência de crença, mas sim na suposição de que "a religião deve ser representada como algo que deriva da crença, uma manifestação externa que, em última instância, pode ser rastreada até uma aceitação interior de uma proposição cognitiva, um estado mental que dá origem à prática".

Em relação ao debate sobre o conceito de religião e a reflexão acadêmica em relação a esse conceito, vale a pena nos determos um pouco em algumas reflexões de Bruce Lincoln e os limites que tais reflexões impõem para a percepção de religiões como sistemas de crença que condicionam práticas. No livro *Holy terrors: thinking about religion after September 11* (2003), Lincoln apresenta uma proposta de definição de religião, segundo ele mesmo, flexível e aberta a variações que deveria abordar no mínimo quatro dimensões: discurso, prática, comunidade e instituição. Não é o caso de nos aprofundarmos aqui nos detalhes da proposta do autor, mas sim nas importantes observações feitas por ele sobre os limites de qualquer definição que privilegie um ou outro aspecto da religião em detrimento dos outros. Mesmo dentro dos quatro domínios por ele propostos para classificar algo como religioso, Lincoln aponta uma série de tensões e particularidades em cada caso a ser analisado:

> Cada um pode ser desenvolvido e enfatizado em diferentes graus, e suas relações entre si podem variar amplamente. Discurso e prática, por exemplo, podem estar estreitamente alinhados ou, ao contrário, bastante desalinhados (ainda que membros da comunidade ou representantes da instituição insistam no contrário). De forma semelhante, instituição e comunidade podem atuar em cooperação, com a comunidade subordinada e dirigida pela instituição, ou podem entrar em conflito, mantendo-se em oposição e desprezo mútuos. A instituição pode valorizar mais o discurso do que a prática e a comunidade, ou o inverso; ou, ainda, pode haver consenso quanto à importância da prática, mas divergências sobre quais práticas devem ser valorizadas (Lincoln, 2003, p. 7).

Dessa forma, reafirmamos que entender religião como uma crença que gera práticas coerentes e consistentes de indivíduos e instituições religiosas, ignorando outros fatores contextuais, sociais, políticos etc., é entendê-la de forma precária e insatisfatória. Cabe ao pesquisador sair da perspectiva até certa forma segura e confortável de que as igrejas, com suas lideranças e seus fiéis, agem de acordo com os princípios teológicos e os posicionamentos oficiais das instituições e encarar a realidade de que muitas vezes "as religiões não são apenas sistemas de crenças, mas sim amálgamas de práticas e ideias reunidas por indivíduos em determinados contextos" (McCloud, 2017, p. 16).

## 3. De pesadelos apocalípticos a sonhos de domínio

Essa tensão entre crença e prática se manifesta até mesmo nas elites eclesiásticas, cujos credos oficiais nem sempre determinam as ações políticas de seus líderes e fiéis. Estudos contemporâneos, como os inspirados pela abordagem da *lived religion* e *material religion*, apontam para um descompasso entre a teologia acadêmica e a vivência cotidiana da fé pelos crentes. Esse descompasso não ocorre apenas no nível individual, mas também no institucional, no qual as igrejas mantêm crenças formais enquanto, na prática, deslocam seu foco para outras questões.

## 4. Enquanto Jesus não volta...

À guisa de conclusão, gostaríamos de apresentar dois pontos que entendemos como fundamentais para pensar a relação entre crenças escatológicas e práticas políticas no pentecostalismo brasileiro hoje. Primeiro, as implicações das crenças escatológicas são inseparáveis dos contextos e, nos termos de Koselleck (2004), das experiências e expectativas dos grupos que as confessam. Mudanças na percepção do presente podem transformar expectativas sobre o futuro. Assim, a transição da apatia ao engajamento político reflete transformações internas e externas ao pentecostalismo. Desde os anos 1980, o pentecostalismo brasileiro vivenciou experiências inéditas: ascensão como força político-eleitoral, crescimento demográfico contínuo, ampliação entre setores da classe média e a adoção de teologias que enfatizam sucesso e bênçãos materiais, como a Teologia da Prosperidade e a Teologia do Domínio. Não negamos que as crenças escatológicas influenciem discursos e práticas políticas. Elas têm impacto significativo e, em alguns casos, podem ser determinantes. No entanto, reduzir o horizonte de expectativas dos indivíduos apenas a suas crenças escatológicas, políticas ou econômicas é um equívoco. A ideia de que "crença determina prática" nem sempre se sustenta. Muitas vezes, "a plausibilidade das ideias é decisivamente influenciada por desenvolvimentos que não têm nada a ver com as ideias, mas apresentam uma afinidade com interesses políticos e econômicos muito mais grosseiros" (Berger, 2017, p. 107-108). Ninguém se define exclusivamente por suas crenças escatológicas, políticas ou filosóficas. O peso de uma crença varia conforme o contexto: em certos momentos, visões escatológicas ganham força, em outros, perspectivas otimistas ou pessimistas sobre o futuro do país se tornam predominantes. Assim, as crenças não operam isoladamente, mas interagem com fatores históricos, sociais e subjetivos.

O segundo ponto a destacar é a "convivência" aparentemente contraditória entre pré-milenarismo e Teologia do Domínio na gramática pentecostal contemporânea. Embora as igrejas pentecostais brasileiras tenham se aproximado de crenças com viés pós-milenarista, a maioria ainda professa uma escatologia pré-milenarista dispensacionalista. Isso sugere que as mudanças no pentecostalismo ocorrem mais no nível das práticas do que na formulação teológica. Não houve uma adesão oficial ao pós-milenarismo antes da mudança na relação dos pentecostais com a política. Na prática, os princípios da Teologia do Domínio se disseminaram de forma semelhante a outras tendências teológicas no pentecostalismo: não por meio de tratados sistemáticos, mas por referências nos púlpitos, pela difusão de "palavras de ordem", pelo ensino em estudos bíblicos domésticos e reuniões em células, e, mais recentemente, pela circulação de postagens em grupos de WhatsApp. Alguns princípios da Teologia do Domínio são facilmente transmissíveis e assimiláveis partindo de uma interpretação fundamentalista de passagens bíblicas. Além disso, são voltados a questões práticas (como o *modus operandi* para colocar em prática o mandato do Domínio), sendo que o próprio Peter Wagner afirmou em seu mais conhecido trabalho sobre o assunto: "Este é um livro prático sobre como exercer o domínio, não um exercício acadêmico" (Wagner, 2022, p. 86).

No contexto pentecostal contemporâneo, pré-milenarismo e pós-milenarismo coexistem de forma não sistematizada. O dispensacionalismo continua a oferecer uma explicação sobre o futuro, enquanto o dominionismo propõe princípios para a ação no presente. Em um artigo recente sobre as relações entre a Teologia do Domínio e o

Nacionalismo Cristão nos Estados Unidos, Julie Ingersoll apresenta reflexões que também se aplicam ao caso brasileiro. A autora argumenta que elementos do Reconstrucionismo e da Teologia do Domínio têm fortalecido o que ela denomina um *"éthos* pós-milenarista" (Ingersoll, 2024, p. 10). Como observado na fala de Enlow citada anteriormente, esse *éthos* tem reduzido a ênfase no retorno iminente de Cristo, substituindo-a pela ideia de uma transformação progressiva do mundo ao longo de um extenso horizonte temporal, possivelmente de milhares de anos. No entanto, é fundamental destacar que ganha força esse *éthos pós-milenarista* e não uma teologia pós-milenarista, visto que o pré-milenarismo continua como crença oficial e é a narrativa sobre o *script* do fim dos tempos não só nas confissões de fé das igrejas, mas também na crença dos fiéis.

Neste breve estudo, procuramos discutir as continuidades e rupturas na relação entre crenças escatológicas e práticas políticas no pentecostalismo brasileiro, tendo como pano de fundo o debate mais amplo sobre a interação entre crença e prática na história das religiões. Reconhecemos que adotamos aqui uma visão ampliada do pentecostalismo, o que pode representar um desafio, dado o grau de diversidade interna desse movimento e as distintas posturas políticas assumidas por diferentes igrejas. No entanto, esperamos que esta análise possa oferecer alguns *insights* produtivos para pesquisas futuras, especialmente aquelas voltadas para o estudo de denominações específicas dentro do universo pentecostal brasileiro.

## Referências

ASAD, Talal. *Genealogies of religion*: discipline and reasons of power in Christianity and Islam. Baltimore: The Johns Hopkins University Press, 1993.

BAPTISTA, Saulo T. C. *Pentecostais e neopentecostais na política brasileira*: um estudo sobre cultura política, Estado e atores coletivos religiosos no Brasil. São Paulo: Annablume; São Bernardo do Campo: Instituto Metodista Izabela Hendrix, 2009.

BERGER, Peter. *Os múltiplos altares da modernidade*: rumo a um paradigma da religião numa época pluralista. Petrópolis: Vozes, 2017.

COX, Harvey. *Fire from heaven*: the rise of Pentecostal spirituality and the reshaping of religion in the twenty-first century. Cambridge: Da Capo Press, 1995.

D'EPINAY, Christian L. *O refúgio das massas*: estudo sociológico do protestantismo chileno. Rio de Janeiro: Paz e Terra, 1970.

INGERSOLL, Julie. From Christian reconstruction to Christian nationalism: what the media need to know about the 75-year effort to establish theocracy in the U. S. *Journal of Media and Religion*, v. 23, n. 1-4, 2024.

KOSELLECK, Reinhart. *Futures past*: on the semantics of historical time. New York: Columbia University Press, 2004.

LINCOLN, Bruce. *Holy terrors*: thinking about religion after September 11. Chicago: The University of Chicago Press, 2003.

LOPEZ JR., Donald S. Belief. *In*: TAYLOR, Mark C. (ed.). *Critical terms for religious studies*. Chicago: The University of Chicago Press, 1998.

McCLOUD, Sean. Religions are belief systems. *In*: STODDARD, Brad; CRAIG, Martin. *Stereotyping religion*: critiquing clichés. London: Bloomsbury, 2017.

MENDONÇA, Antônio G. Protestantismo brasileiro, uma breve interpretação histórica. *In*: SOUZA, Beatriz M.; MARTINO, Luís M. S. (org.). *Sociologia da religião e mudança social*: católicos, protestantes e novos movimentos religiosos no Brasil. São Paulo: Paulus, 2004. p. 49-79.

SCOFIELD, Cyrus I. (ed.). *The Scofield Reference Bible*. New York: Oxford University Press, 1967.

SIEPIERSKI, Paulo. Contribuições para uma tipologia do pentecostalismo brasileiro. *In*: GUERRIERO, Silas (org.). *O estudo das religiões*: desafios contemporâneos. 2. ed. São Paulo: Paulinas, 2004. p. 71-88.

WAGNER, C. Peter. *Dominion!*: your role in bringing heaven to Earth. Shippensburg: Destiny Image, 2022.

# 4. Epistemologias teológicas e lugares sociais da religião: a rebelião contra a igualdade humana

JUNG MO SUNG[1]

## Introdução

Em primeiro lugar, quero agradecer o convite dos organizadores do 37º Congresso Internacional da Soter, que tem como tema "As religiões frente às crises mundiais contemporâneas: construindo esperanças", a participar na mesa "Questões de fundamentos religiosos". O tema específico que a organização me pediu foi *Epistemologias teológicas e lugares sociais da religião. A rebelião contra a igualdade humana.* Um tema desafiador e importante, porque estamos vivendo em um tempo de transição civilizatória em que quase tudo está mudando. O que significa também que nossas teorias e mapas que usamos para nos situarmos e irmos em direção aos nossos objetivos não estão mais dando conta.

Sem objetivos, conscientes ou inconscientes, não podemos pensar. O objetivo pressupõe decisões e escolhas, que sempre têm relações com a questão do bem e do mal, ou do certo e do errado. E, além das grandes transformações tecnológicas, o que está ocorrendo no mundo é uma grande luta sobre o que é o bem e que é o mal, especialmente se há ou não a igualdade fundamental entre todos os seres humanos a partir da qual se pode definir o que é justiça e

---

[1] Doutor em Ciências da Religião pela Universidade Metodista de São Paulo. Pesquisador da relação entre Teologia e Economia. E-mail: jungmosung@gmail.com

injustiça social. É em torno dessa luta político-teológico-religiosa que eu quero apresentar algumas ideias nessa mesa.

A formação de uma aliança que podemos chamar, para facilitar a minha argumentação, de "nova direita" – composta de neoliberais, autoritários neofascistas e setores religiosos, que costumam ser chamados de "conservadores" –, revela que estamos enfrentando o que Franz Hinkelammert (2002) chamou de a "rebelião contra a igualdade". Essa rebelião é para romper e destruir o consenso social construído no mundo moderno em torno da igualdade fundamental de todos seres humanos, – independentemente da raça, etnia, gênero, classe social, confissão religiosa e cultura – e, portanto, dos direitos humanos.

A hipótese norteadora da minha apresentação é:

a) que essa aliança entre neoliberais, neofascistas e religiosos conservadores rompe com o mapa das análises do mundo moderno da relação entre a direita e a esquerda e a relação entre a religião e a política; e

b) que o que permite essa aliança é a estrutura mental de casta.

Vou apresentar meus argumentos em três partes:

a) do mundo moderno liberal para o neoliberal e a luta dos deuses;

b) a ruptura com a secularização nas CEBs e nas igrejas populares pentecostais;

c) as castas, a divisão social do trabalho e a religião.

## 1. Do mundo moderno liberal para o neoliberal e a luta dos deuses

No seu livro, *Direita e esquerda*, publicado logo após a derrocada do bloco comunista e aparente vitória final do capitalismo na história, como anunciava Francis Fukuyama (1992), Norberto Bobbio afirmou que, além dos socialistas e comunistas, há ainda uma esquerda no interior do horizonte capitalista. E caracterizou a pessoa de esquerda como aquela cujo empenho político é "movido por um profundo sentimento de insatisfação e de sofrimento perante as iniquidades das sociedades contemporâneas" (Bobbio, 1995, p. 24).

Em oposição à esquerda, Bobbio definiu a direita pela perspectiva política de inigualitarismo. Para ele,

> direita é inigualitária não por más intenções – e portanto, para mim, a afirmação de que o inigualitarismo é característica principal dos movimentos de direita não se mostra como um juízo moral –, mas porque considera que as desigualdades entre os homens são não apenas ineliminaveis (ou são elimináveis apenas com o sufocamento da liberdade) como são também úteis, na medida em que promovem a incessante luta pelo melhoramento da sociedade (Bobbio, 1995, p. 20).

Isto é, a direita que Bobbio analisou reconhece a realidade da impossibilidade de acabar com a desigualdade entre pessoas e na sociedade, e, o mais importante, afirma que a não igualdade é útil para a promoção do melhoramento das sociedades. Nesse sentido, podemos dizer que nas lutas entre esquerda e direita tradicional no século XX e, em parte, também no XXI foram e são sobre qual é o melhor caminho para o aperfeiçoamento da sociedade. No fundo, a diferença entre a esquerda e a direita seria uma questão de eficiência: para os capitalistas, a eficiência econômica do mercado; e, para socialistas ou social-democratas, a eficiência social promovida pelo Estado de Bem-estar Social. O que mostra que estávamos discutindo no interior do paradigma da razão moderna, o qual reconhece uma igualdade "essencial" entre pessoas, isto é, reconhece que todos os seres humanos compartem a mesma essência humana.

Porém, a nova direita, que muitos chamam de extrema direita, que está no centro geopolítico mundial é diferente da direita chamada tradicional. A noção de "extrema" pressupõe que ela está ao lado da direita não extrema dentro de uma graduação ou em uma linha que se diferenciaria por uma questão meramente quantitativa. Contudo, penso que estamos diante de uma diferença qualitativa:

para essa nova direita, nem todos os seres chamados de humanos são essencialmente iguais e, por isso, não existe o que se chama de direitos humanos. Para eles, a noção de dignidade humana que fundamenta os direitos humanos seria uma invenção falsa ou que ela não pertence a todos indivíduos.

Um dos autores que afirmam essa ideia é Ludwig von Mises, o mentor de Hayek, o principal pensador do neoliberalismo. Criticando os socialistas e os defensores da intervenção no mercado em nome dos direitos sociais, ele, em 1956, escreveu: "A pior de todas essas ilusões é a ideia de que a 'natureza' concedeu a cada homem certos direitos" (Mises, 2008, p. 80). Fora dos contratos, não haveria nenhum direito, especialmente os direitos sociais da Declaração Universal dos Direitos Humanos.

Assim, para a nova direita, a não igualdade não é somente uma questão de diferenças de funções no sistema social, mas sim de caráter essencial. Com a afirmação de que não existem direitos humanos porque não se pode comprovar a igualdade essencial entre seres humanos, ou que, como a razão pós-moderna afirma, não existe a essência humana, não existiria nenhum direito que não tenha nascido de um contrato.

Foi no interior do paradigma teórico-político moderno, que reconheceu os direitos humanos, que a Teologia da Libertação e outras teologias e/ou movimentos religiosos e espirituais assumiram, na segunda parte do século XX, o debate sobre a relação fé-política ou religião-sociedade. E essa discussão sobre a religião/fé e política rompeu um dos pilares da razão moderna ocidental: a tese da secularização, a separação do Estado e da Igreja, e a redução da religião ao campo da vida privada e ao tema da salvação após a morte. No caso específico da Teologia da Libertação Latino-Americana (TLLA), a intervenção das comunidades e das igrejas cristãs no campo da política e do mercado foi feita e justificada em nome de um Deus que fez a opção pelos pobres.

Com essa noção teológica de que Deus fez e faz continuamente a opção pelos pobres no campo político-econômico e que, por isso,

# 4. Epistemologias teológicas e lugares sociais da religião

cristãos e igrejas também deveriam fazer, a TLLA rompeu com o paradigma da razão moderna e criou uma articulação de um argumento teológico pré-moderno (Deus/religião interfere na esfera do público) com o uso das ciências sociais e da racionalidade político--econômica modernas. Além disso, a TLLA rompeu com a noção de Deus como o fundamento último da ordem social dominante e legitimou a noção de revolução ou de libertação social em nome da fé. Com isso, a primeira geração da TLLA criou um método teológico bastante original, que não é nem moderno nem tradicional, e, ao mesmo tempo, distanciou-se das teologias políticas modernas (e depois também das teologias públicas) em nome de ser uma teologia que se pretende estar à serviço da práxis de libertação em favor dos pobres e oprimidos.

Mesmo antes da derrocada do bloco comunista, o mundo capitalista estava passando por uma profunda transformação econômico-cultural, com a passagem do mundo capitalista liberal para o neoliberal. E aqui estou compreendendo o neoliberalismo, não apenas como um modelo econômico ou como uma nova razão do mundo (Dardot; Laval, 2016), mas como um projeto de uma nova civilização. Como explicitamente disse Margareth Thatcher, na época Primeira--Ministra do Reino Unido,

> o que me irrita em toda a orientação da política nos últimos trinta anos é que tem sido sempre no sentido da sociedade coletivista [...]. Não é que eu me proponha políticas econômicas; é que eu me proponho realmente a mudar a abordagem, e mudar a economia é o meio de mudar essa abordagem. Se mudarmos a abordagem, estamos realmente a perseguir o coração e a alma da nação. A economia é o método; o objetivo é mudar a alma e o coração (Thatcher, 1981).

Mudar a alma e o coração das sociedades ocidentais é mudar as políticas econômicas, mas também a concepção antropológica, a espiritualidade e os valores éticos fundamentais da sociedade. Esse projeto de construir essa nova civilização pressupõe, é claro, uma guerra dos deuses, no sentido dado por M. Weber no seu clássico texto *Ciência como vocação*,[2] quando tratou da diferença entre diferentes culturas – no caso, a francesa e a alemã: "Luta que opõe os deuses das diferentes ordens e diferentes valores" (Weber, 2004, p. 49). Tema esse que foi tratado de forma mais dialética entre o sistema econômico-social capitalista e um que possibilita a vida dos pobres, no clássico livro da Teologia da Libertação e também por Michael Löwy no livro *A guerra dos deuses: religião e política na América Latina* (Löwy, 200).

Para entendermos melhor a relação entre essa passagem do mundo liberal – que aceita e defende a noção de justiça social ou uma sociedade mais justa –, ao mundo neoliberal e a luta dos deuses, quero citar um parágrafo de Hayek (1985, p. 120):

> O evangelho da "justiça social" visa a sentimentos muito mais sórdidos: a aversão aos que estão em condições melhores, ou simplesmente a inveja, essa mais antissocial e nociva de todas as paixões. Essa animosidade para com a grande fortuna, que considera um "escândalo" que alguns desfrutem da riqueza enquanto outros têm necessidades básicas insatisfeitas, e esconde sob o nome de justiça o que nada tem a ver com ela.

Essa inversão da busca da "justiça social", ou de uma sociedade em que todos seres humanos possam ter acesso às condições e oportunidades para reproduzir a sua vida, como um sentimento sórdido, inveja, e o princípio que destrói o progresso da civilização revela que estamos diante "da" luta dos deuses do nosso tempo.

Retomemos a citação acima de Bobbio: pessoas movidas "por um profundo sentimento de insatisfação e de sofrimento perante as iniquidades das sociedades contemporâneas" (Bobbio, 1995, p. 24) são, na perspectiva neoliberal, mais do que pessoas de opção política de esquerda, mas pessoas eticamente más. Assim, saímos da discussão política sobre a melhor forma de organizar e melhorar uma sociedade para o campo da ética e, no fundo, uma questão teológica, não no

---

[2] A obra *Ciência como vocação*, de Max Weber, foi baseada em uma palestra ministrada em 7 de novembro de 1917 e posteriormente publicada em 1919.

4. Epistemologias teológicas e lugares sociais da religião

sentido de teologia confessional, mas de uma teologia que discerne os fundamentos últimos de uma ordem social.

Em outras palavras, temos diante de nós uma imagem de Deus que opta pelos pobres, que aparece na TLLA, ou uma que defende a noção de justiça social sem entrar na discussão dessa opção; e, de outro lado, uma imagem de Deus que – em uma linguagem religiosa tradicional ou em uma linguagem aparentemente secular, mas de uma teologia endógena na economia capitalista (Assmann; Hinkelammert, 1989, p. 25-26) – abençoa os ricos e poderosos e expulsa do seu santuário os ineficientes e inúteis pobres. Nessa teologia presente no pensamento neoliberal e nos setores religiosos aliados a ele, teologia essa que é a dominante hoje, ser pobre é ser a comprovação dos seus pecados.

A passagem de um capitalismo liberal para o neoliberal exige uma nova análise e reinterpretação da relação entre a religião/teologia e o campo político-econômico.

## 2. A ruptura com a secularização nas CEBs e nas igrejas populares pentecostais

Como falei acima, a Teologia da Libertação, nas décadas de 1970 e 1980, rompeu com a noção de secularização e colocou Deus como um agente significativo no cenário sociopolítico. Mas, na medida em que assumiu teorias sociais modernas, especialmente de inspiração marxista, a TLLA teve dificuldade em situar o papel de Deus nessa luta. Com certeza, Deus era o fundamento da opção pelos pobres que os cristãos e as igrejas deveriam assumir, e a noção de Reino de Deus no interior da história, um reino de justiça e liberdade, muito parecido com a noção de Reino da Liberdade de Marx, era o objetivo final das lutas. A origem e o fim dessa narrativa mítico-teológica estavam em Deus. Assim, temos o aspecto pré-moderno da TLLA. O que não estava claro era o agente ou o sujeito da realização da libertação dos pobres no interior da história. Repeti essa expressão "no interior da história" porque é fundamental para entendermos a novidade e um problema teológico ainda não bem resolvido na TLLA. Com a noção de história, que é um tema moderno, e o uso das teorias sociais e políticas, o cristianismo de libertação e a TLLA vão assumir a teoria moderna de ação política em que o sujeito histórico não é Deus, mas sim o ser humano. No caso específico da América Latina, a TLLA privilegiou os "pobres" como o sujeito da libertação. E o papel de Deus nessa luta ficou, podemos dizer, como um agente secundário.

Após a emergência das comunidades e igrejas na linha da TLLA, tivemos o aparecimento das igrejas pentecostais e evangélicas no cenário político. Antes, essas igrejas tinham aceitado a separação entre Estado e Igreja e assumido que a sua missão era focada na conversão, na pertença à Igreja de Cristo e na salvação da alma após a morte. Por conta do limite da extensão deste capítulo, não vamos discutir as causas e as implicações dessa ruptura desse paradigma teológico, parecido com o que ocorreu com as comunidades de base. Aquilo para o qual quero chamar a atenção é que essas igrejas pentecostais e evangélicas formadas por setores populares da sociedade passaram também a crer que a sua fé cristã impacta não somente na vida privada, mas também no campo da economia e depois da política. Em outras palavras, Deus quer que eles e elas, pobres ou da classe média baixa, também tenham o direito de viver com o prazer que os bens de consumo proporcionam.

Um dos pastores mais conhecidos nessa corrente teológica, R. R. Soares, escreveu, em 1987:

> Eu jamais concordei com alguns "doutores" de teologia que ensinam que o ser humano não vale coisa alguma. Dizem alguns que não passamos de simples vermes a rastejar sobre o pó da terra. Para mim, isso, além de absurdo, é mentira.
>
> Todos creem, inclusive esses "doutores", no fato de Jesus ter pagado um alto preço para nos resgatar – o que é verdade. Mas, se o preço pago foi alto, é porque temos um alto valor para Deus [...]. E, se o preço pago foi alto, é porque o nosso valor também é. Se você deseja ser um vencedor

# 4. Epistemologias Teológicas e Lugares Sociais da Religião

sobre a doença, a miséria, o pecado e todo o poder do diabo, continue comigo, lendo este livro (Soares, 1987, p. 10).

Assim, os pobres das CEBs e das igrejas pentecostais e evangélicas passaram a crer em um Deus parecido, um Deus que quer que os pobres vivam bem também no mundo daqui. À diferença das CEBs e das suas lideranças da TLLA, o discurso teológico das lideranças pentecostais e evangélicas não era marcado pelas ciências modernas, mas sim pela teologia pré-moderna, em que Deus é o principal sujeito da realização dessa vida melhor. E, para esses crentes (no sentido amplo dos que creem em Deus), a vida melhor prometida por Deus não se daria por meio de uma revolução ou transformações sociais anticapitalistas, mas por entrar no mercado consumidor capitalista.

E qual seria a condição para que esses crentes pudessem receber as bênçãos que aparecem materialmente como bens de consumo? Pertencer à uma igreja cheia de bênçãos, cheia de poder, e participar do "exército" de Deus contra os que não aceitam as suas leis. Assim, a competência ou eficiência na concorrência no mercado não é a principal arma, pois eles carecem disso, mas sim as armas religiosas.

Para manter-se entre os escolhidos e, se possível, subir na "escada" do consumo-bênção, as ações que os crentes, incluindo os pastores e padres que assumem essa linha de teologia, precisam performar é lutar contra os inimigos das leis de Deus: os hereges, isto é, cristãos que defendem a justiça social e a opção pelos pobres, pessoas "gays" (isto é, a comunidade LGBTQI+), os comunistas e os que defendem o aborto. Assim, essa teologia tem de ser por sua essência excludente, não universal, assim como é o pensamento neoliberal.

Além disso, quando se identificam as bênçãos divinas, que por definição não têm limites, com a prosperidade financeira, temos uma maior convergência com o capitalismo como religião, que tem como promessa ou utopia a acumulação ilimitada da riqueza.

Em busca de viver uma vida melhor, muitas pessoas encontram nas comunidades cristãs um discurso religioso que lhes reconhecia o direito de ter o direito de viver em uma sociedade que lhes excluía ou estavam em processo de. E o garantidor desse direito e dessa promessa foi e é Deus. As CEBs e a sua teologia assumiram os "pobres conscientizados" como sujeitos da realização da libertação de todos por meio de ação política; enquanto os pentecostais e evangélicos assumiram Deus como o principal sujeito que os levaria à vida de bênção-consumo. Nessa teologia em parte pré-moderna e, ao mesmo tempo, neoliberal, o Deus é e tem de ser um Deus que tem o domínio, senhorio, sobre todos aspectos da vida e realiza todos os desígnios e os desejos dos seus escolhidos.

## 3. As castas, a divisão social do trabalho e a religião

Nas análises sociais do pensamento moderno, seja a liberal seja a marxista, o papel e a função de um sujeito no interior de um sistema social são uma das questões mais importantes. Isso porque, com o pressuposto de uma igualdade fundamental de todos os seres humanos, o foco se concentra na funcionalidade ou na transformação do sistema social.

Porém, como vimos, o pensamento neoliberal nega a igualdade fundamental de todos os seres humanos. Assim, além da questão do papel e função social, precisamos retomar o tema da casta. Isto é, reconhecer que na sociedade moderna a ideia de igualdade fundamental de todos os seres humanos foi ou é um horizonte utópico que nos permite dar direção e interpretação da realidade atual e o que pode ser (Hinkelammert, 2002), mas não foi realizada, e essa nova aliança se baseia nas diferenças "essenciais" das pessoas. Isto é, na afirmação de que há indivíduos que são "subumanos", e não somente subalternos.

Isabel Wilkerson (2021), estudando o problema do racismo nos Estados Unidos, diz: "Tal como outras casas antigas, a América tem um esqueleto invisível, um sistema de castas que é tão central para o seu funcionamento como as vigas e os barrotes que não conseguimos ver nos edifícios físicos a que chamamos casa. A casta é a

# 4. Epistemologias teológicas e lugares sociais da religião

infraestrutura das nossas divisões" (Wilkerson, 2020, p. 17). E ela aponta que, ao longo da história, três sistemas de castas se destacaram. O mais antigo é o sistema de castas da Índia, que perdura por milênios; o segundo da lista é o da Alemanha nazista, oficialmente vencido, mas que os neofascistas querem fazer renascer; o terceiro, segundo a autora, a pirâmide de castas baseadas em raça nos Estados Unidos; e, acrescento eu, também nos outros lugares do mundo marcados por racismo. Como diz Wilkerson,

> cada versão se baseou na estigmatização daqueles considerados inferiores para justificar a desumanização necessária para manter as pessoas com classificação mais baixa na base e para racionalizar os protocolos de aplicação. Um sistema de castas perdura porque é justificado como *vontade divina*, originária de *textos sagrados* ou das supostas *leis da natureza*, reforçada por toda a cultura e transmitida através das gerações (2020, p. 17, grifos do autor).

Para avançarmos nesse tema do papel social e sistema de casta, nesse tempo de aliança entre o neoliberalismo, neofascismo e religiões inigualitárias, quero trazer aqui um pensador indiano, Bhimrao Ramji Ambedkar (1891-1956), um *dalit* (antigamente conhecido como "intocáveis") que teve oportunidade de estudar economia na Columbia University, em Nova York (com doutorado em 1927), e na London School of Economics (mestrado em 1923), além de ter um mestrado em direito na Inglaterra. Líder de reformas sociais na Índia em favor dos "intocáveis", foi também ministro da justiça no governo da Índia. Ao tratar da relação entre a economia moderna e as castas, no seu livro mais conhecido, *Annihilation of caste* ("Aniquilação da casta"), escrito em 1936, ele diz:

> O sistema de castas não é meramente uma divisão de trabalho. É também uma divisão de trabalhadores. A sociedade civilizada, sem dúvida, precisa da divisão do trabalho. Mas em nenhuma sociedade civilizada a divisão do trabalho é acompanhada por essa divisão não natural dos trabalhadores em compartimentos estanques. O sistema de castas não é

JUNG MO SUNG

meramente uma divisão de trabalhadores – o que é bem diferente da divisão do trabalho – é uma hierarquia na qual as divisões de trabalhadores são classificadas uma acima da outra (Ambedkar, 2021, § 4.1, p. 10; os parágrafos desse livro são numerados).

Ele traz um tema das ciências modernas: a divisão de trabalho – que pode ser discutido como a divisão social do trabalho em uma perspectiva de economia clássica, (Hinkelammert, 1987) ou a divisão do trabalho social na perspectiva durkheimiana (Durkheim, 1999) –, que ele assume como uma necessidade nas sociedades mais desenvolvidas; mas inclui um tema não comum nas ciências modernas ocidentais: a divisão de trabalhadores. Divisão essa que é não somente em compartimentos estanques, mas hierarquizados. Hierarquização essa que, por ser um sistema, precisa estabelecer os limites ou as fronteiras dos que pertencem e dos que não. Quando toda a sociedade é organizada e hierarquizada em termos de castas, estar fora das fronteiras do sistema é ser considerado essencialmente excluído, intocável por sua impureza. Esse é o tema do sagrado negativo. As pessoas de máxima pureza são as sagradas, no topo da hierarquia, enquanto os demais de baixo nível são intocáveis, separados porque são *homo sacer*, o homem sacro, que, se for morto por uma pessoa de casta superior, o seu assassino não é punido (Agamben, 2002).

Nesse sistema de castas, os de baixo são necessários para o funcionamento do sistema e dos privilégios dos que estão no topo. Em primeiro lugar, sem esses *dalit*, "quebrados", não haveria trabalhadores que aceitariam fazer os trabalhos sujos, perigosos e muito mal pagos; em segundo, a justificação dos privilégios dos que estão no topo depende da aceitação da sociedade de que os que estão nos limites da exclusão, os impuros, são merecedores do seu sofrimento. Pessoas em situação que Orlando Patterson chamou de "morte social" (Paterson, 2008, p. 463).

Como um exemplo da articulação do conceito de divisão de trabalho e de casta, Ambedkar nos diz que "um intocável não deve usar *ghee* [um tipo de manteiga clarificada, muito usado na culinária

4. Epistemologias teológicas e lugares sociais da religião

indiana, feita com leite de vaca], mesmo que tenha dinheiro para comprar, uma vez que se trata de um ato de arrogância para com os hindus" (Ambedkar, 2021, §2.12, p. 5). Em uma sociedade em que o critério de castas é superior ao do mérito individual da divisão do trabalho, não há outro caminho a não ser o destruir ou aniquilar esse sistema. E, infelizmente, há muitos casos de *dalit* mortos, ainda nos tempos de hoje, porque tiveram, por exemplo, a ousadia de participar de festas religiosas da vila, uma vez que a presença deles torna esse lugar impuro. Assim como negros, homossexuais e outros impuros mortos por serem o que são e quererem se afirmar como parte da sociedade.

Ao falarmos do mérito individual contra o sistema de predeterminação de castas, vale a pena lembrar que a ideologia do mérito é do mundo moderno. A meritocracia, no sentido negativo, é "um conjunto de valores que rejeita toda e qualquer forma de privilégio hereditário e corporativo e que valoriza e avalia as pessoas independentemente de suas trajetórias e biografias sociais" (Barbosa, 1999, p. 22). Do ponto de vista histórico, é desde a Revolução Francesa que a ideologia do mérito se tornou o critério fundamental em nome do qual se lutou contra todas as formas de discriminação social. Nesse sentido, podemos ver também aqui as mudanças da cultura moderna liberal e neoliberal. No nosso tempo, os privilégios da herança são considerados parte dos méritos individuais, e o valor medido pelos preços do mercado – por exemplo as ações valorizadas pelas especulações no mercado –, o cálculo do mérito individual.

Na luta contra o sistema de castas, Ambedkar diz algo importante para a nossa reflexão:

A casta, entre os não hindus, não tem consagração religiosa; mas entre os hindus tem-na muito decididamente. Entre os não hindus, a casta é apenas uma prática, não uma instituição sagrada [...]. Não consideram a casta como um dogma religioso. A religião obriga os hindus a tratar o isolamento e a segregação das castas como uma virtude (Ambedkar, 2021, §19,7, p. 27).

Ele distingue a experiência de sistema de castas vivida por um não hindu e um hindu. Para o não hindu, é um sistema cultural e não sagrado. Essa diferença é importante quando se pretende lutar contra ela. É preciso reconhecer que é muito difícil mudar o "hábito" de agir e pensar a partir do sistema de castas, mas é muito mais difícil, quase impossível quando as pessoas e a sociedade veem a casta como algo sagrado. Como ele diz, em uma perspectiva religiosa, a segregação das castas é uma virtude religiosa e ética. Nesse sentido, um hindu só pode lutar contra o sistema de casta à medida que ele se converte a outra religião.

E é importante perceber e entender a perspectiva dos hindus ou dos religiosos em contextos semelhantes aos de castas. A crítica ao sistema de castas ou da negação da igualdade fundamental de todas as pessoas não pode cair em uma crítica de intencionalidade pessoal ou má intenção. Nesse sentido, Ambedkar diz:

> A casta pode ser má. A casta pode levar a uma conduta tão grosseira que pode ser chamada de desumanidade do homem para com o homem. Mesmo assim, é preciso reconhecer que os hindus observam a casta não porque sejam desumanos ou mal-intencionados. Observam a casta porque são profundamente religiosos. As pessoas não estão erradas em observar a casta. Na minha opinião, o que está errado é a sua religião, que inculcou essa noção de casta (Ambedkar, 2021, §20,9, p. 30).

Por isso, a crítica desse dogma sagrado do sistema de castas, *a aniquilação da casta*, é a condição necessária para fazer reformas sociais em favor dos de "baixo". Essa crítica teológica e prática não significa negar todas as religiões, pois negar todas elas seria uma visão arrogante típica do mundo moderno que pensa que tem o conhecimento perfeito ou pleno ao afirmar o ateísmo de forma metafísica. Daí a necessidade de uma crítica teológica ao sistema de castas, mas que essa não seja fundada em uma determinada fé ou confissão religiosa aceita dogmaticamente.

Ambedkar, em um congresso em 1935 em que participaram mais de dez mil pessoas, afirmou:

4. Epistemologias teológicas e lugares sociais da religião

Por termos a infelicidade de nos chamarmos hindus, somos tratados assim. Se fôssemos membros de outra religião, ninguém ousaria nos tratar assim. Escolha qualquer religião que lhe dê igualdade de *status* e tratamento. Vamos reparar nosso erro agora. Tive o infortúnio de nascer com o estigma de um intocável. No entanto, não é minha culpa, mas não morrerei como hindu, pois isso está em meu poder (Ambedkar, citado por Zelliot, 2005, p. 6).

Um pouco antes da sua morte, ele se converteu publicamente ao budismo. Ele usou um critério antropológico e, ao mesmo tempo, teológico: uma religião que não reconhece a igualdade fundamental de todas as pessoas não pode ser verdadeira.

## Considerações finais

Os pensadores que se rebelam contra a noção de igualdade fundamental de todos os seres humanos elaboram os seus argumentos em nome da impossibilidade de comprovarmos essa igualdade por não termos conhecimento perfeito da realidade. Mas as suas propostas de convivência da humanidade pressupõem que eles saibam o que a natureza biológica e a humana é. Devemos reconhecer que não temos acesso ao conhecimento definitivo sobre esses temas. Mas, como diz Ambedkar, a igualdade fundamental entre seres humanos pode ser uma ficção, assim como a ficção da acumulação ilimitada de riqueza; mas devemos aceitar esse princípio como um princípio diretor da sociedade. E ele afirma: "O estadista [...] tem de seguir uma regra simples e pronta, e essa regra simples e pronta é tratar todos os homens da mesma maneira, não porque sejam iguais, mas porque a classificação e a seleção são impossíveis" (Ambedkar, 2021, §14,5, p. 20). Ele inverte a lógica da argumentação neoliberal e pós--moderna em nome de uma prática social mais humana.

Isso não significa que essa opção de igualdade seja arbitrária ou sem nenhuma justificativa razoável. Nas reflexões dele podemos ver a crítica à casta como um conceito transcendental, no sentido kantiano, que revela a maldade na sociedade. Isto é, o fazer de cada conceito transcendental que nos permite ver como as sociedades sacralizam e sacralizam injustiças e opressões desumanizando seres humanos pelo mundo, no passado e nos tempos de hoje.

Um dos grandes problemas na luta pela desigualdade social no mundo é a indiferença social diante dos problemas dos pobres, imigrantes ilegais e os semelhantes. Muitas pessoas "boas" são sensíveis aos sofrimentos de outras pessoas, mas não aos dos pobres ou dos imigrantes ilegais ou "marginais". Essa indiferença "natural" ou agressividade contra essas pessoas são "normais" porque, como diz Wilkerson, "a casta é a infraestrutura das nossas divisões" (Wilkerson, 2020, p. 17).

Contudo, no passado e no presente, encontramos muitos grupos que encontram na religião ou tradição espiritual uma força e sabedoria para resistir ao processo constante de desumanização dos "pequenos". Parecido com o pensamento de Ambedkar, encontramos a afirmação de Paulo apóstolo de que em Deus "não há judeu nem grego, nem escravo nem livre, nem homem nem mulher" (Gl 3,28). Mas todos os caminhos da luta pela humanização e pela vida com dignidade feitos pelos pobres e dos solidários com eles e elas são cheios de contradições e limites. No caso da TLLA, as CEBs e das igrejas populares pentecostais já mencionadas, também encontramos problemas, tentações e caminhos perdidos. Cabe aos pesquisadores que assumem a tarefa de oferecer reflexões a serviço dessas lutas o desafio de repensarmos os nossos conceitos e teorias para vermos as pérolas que ainda não vimos nessa luta e ajudar a cuidar das canas rachadas e brotos que estão surgindo.

## Referências

AGAMBEN, Giorgio. *Homo sacer*: o poder soberano e a vida nua I. Belo Horizonte: UFMG, 2002.

AMBEDKAR, Bhimrao Ramji. *Annihilation of caste*. Delhi: Grapevine India Publishers, 2021. Edição Kindle.

ASSMANN, Hugo; HINKELAMMERT, Franz. *A idolatria do mercado*: ensaio sobre economia e teologia. Petrópolis: Vozes, 1989.

## 4. Epistemologias teológicas e lugares sociais da religião

BARBOSA, Livia. *Igualdade e meritocracia*: a ética do desempenho nas sociedades modernas. Rio de Janeiro: Fundação Getúlio Vargas, 1999.

BOBBIO, Norbert. *Direita e esquerda*: razões e significados de uma distinção política. São Paulo: Unesp, 1995.

DARDOT, Pierre; LAVAL, Christian. *A nova razão do mundo*: ensaio sobre a sociedade neoliberal. São Paulo: Boitempo, 2016.

DURKHEIM, Émile. *Da divisão do trabalho social*. 2. ed. São Paulo: Martins Fontes, 1999.

FUKUYAMA. Francis. *O fim da história e o último homem*. Rio de Janeiro: Rocco, 1992.

HAYEK, Friedrich A. von. *Direito, legislação e liberdade*: uma nova formulação dos princípios liberais de justiça e economia política. São Paulo: Visão, 1985. v. 1: A miragem da justiça social.

HAYEK, Friedrich A. von. *Direito, legislação e liberdade*: uma nova formulação dos princípios liberais de justiça e economia política. São Paulo: Visão, 1985.

HINKELAMMERT, Franz J. *Crítica de la razón utópica*. Ed. ampliada y revisada. Bilbao: Desclée, 2002.

HINKELAMMERT, Franz. *Democracia y totalitarismo*. San José (Costa Rica): DEI, 1987.

LÖWY, Michael. *A guerra dos deuses*: religião e política na América Latina. Petrópolis: Vozes, 2000.

MISES, Ludwig von. *Ação humana*: um tratado de economia. São Paulo: Instituto Ludwig von Mises Brasil, 2008.

PATTERSON, Orlando. *Escravidão e morte social*: um estudo comparativo. São Paulo: Edusp, 2008.

SOARES, R. R. *Como tomar posse da bênção*. Petrópolis: Graça Editorial, 1987.

THATCHER, Margaret. Entrevista concedida ao *Sunday Times*, publicada em 3 de maio de 1981. Disponível na Fundação Margaret Thatcher.

WEBER, Max. *A ética protestante e o espírito do capitalismo*. São Paulo: Companhia das Letras, 2004.

WILKERSON, Isabel. *Casta*: as origens de nosso mal-estar. São Paulo: Editora Schwarcz/Companhia das Letras, 2021.

# 5. Religiões no atual cenário mundial: sinais de esperança numa era de trevas

PEDRO A. RIBEIRO DE OLIVEIRA[1]

## Introdução

O tema do congresso ("As religiões frente às crises mundiais contemporâneas; construindo esperanças") pede uma abordagem de ordem sociológica, que explique a realidade mundial contemporânea situando-a em seu devir histórico, mas aberta a uma abordagem de ordem teológica para fundamentar a esperança. É esse, então, o caminho dado à conferência, tendo por base o enfoque sociológico – que é minha área de formação e de trabalho:

a) fazer uma análise do cenário mundial,

b) situar as grandes religiões nesse cenário, tomando o catolicismo no Brasil como estudo de caso, para no final

c) discernir nesta era de trevas sinais de esperança emitidos pela religião.

---

[1] Possui graduação em Sociologia pela Pontifícia Universidade Católica do Rio de Janeiro (1965), mestrado em Sociologia pela Universidade Católica de Louvaina (1967) e doutorado em Sociologia pela Universidade Católica de Louvaina (1979). Até 2013 foi Professor adjunto III no Programa de Pós-Graduação em Ciências da Religião da Pontifícia Universidade Católica de Minas Gerais. Tem experiência na área de Sociologia, com ênfase em catolicismo popular, atuando principalmente nos seguintes temas: comunidades de base – CEBs, Igreja, catolicismo, fé e política e consciência planetária. Foi primeiro secretário da Sociedade de Teologia e Ciências da Religião – Soter – para o mandato 2010-2013. É professor aposentado dos PPGCR da UFJF e PUC-Minas. E-mail: pedror.oliveira@uol.com.br

## 1. O cenário mundial atual: uma *era de trevas*

É claro que as grandes marcas da temporalidade – como dá a entender a palavra "era" – não podem ser datadas com exatidão, mas nada impede de aceitarmos a sugestão de observadores que assinalam o dia 20 de janeiro de 2025, data da posse do atual presidente dos EUA, como o início de uma era catastrófica para a humanidade. Com efeito, este tempo está sendo – e tudo indica que será cada vez mais – tempo de catástrofes de alcance planetário.

A novidade desta era é a confluência de três crises globais:

1) catástrofes climático-ambientais de âmbito cada vez maior;

2) falência do sistema geopolítico mundial sob hegemonia dos EUA, abrindo a possibilidade de escalada nuclear nas guerras regionais; gera-se então

3) uma nova forma de capitalismo que rompe os poucos laços de solidariedade entre ricos e pobres e favorece o neofascismo.

Embora independentes entre si, essas crises se sobrepõem ameaçando a sobrevivência da espécie humana e devastando a grande comunidade de vida da Terra. Vejamos muito resumidamente as duas primeiras, para focalizar mais de perto as duas outras.

### 1.1 Catástrofes climático-ambientais

Apesar de todas as evidências de aquecimento global, os entendimentos internacionais para contê-lo não avançam. Os dados sobre emissões de gases de efeito estufa são hoje irrefutáveis, porque a cada ano são batidos os recordes de temperatura no solo, no ar e nos oceanos. Estamos experimentando em 2025 o clima que há dez anos se previa para 2030: grandes incêndios, alagamentos, degelo polar, ondas de calor, tempestades e furacões cada vez mais frequentes.

Embora o mundo todo saiba que é preciso colocar um fim na exploração do petróleo e no consumo de combustíveis fósseis, a economia e a vida cotidiana seguem como se vivêssemos tempos normais. Para isso contribuem a mídia e as redes de internet que espetaculizam os eventos extremos, apresentando-os com imagens que impressionam e fascinam, mas quando suscitam alguma reação prática é necessário fazer uma doação para pessoas desabrigadas. Assim, somos tratados como espectadores até o momento em que nos tornaremos também vítimas de alguma catástrofe.

## 1.2 Falência do sistema geopolítico mundial

O segundo elemento de grave perturbação global é o desmonte do sistema geopolítico em vigor desde o final da Segunda Guerra Mundial, quando a *Guerra Fria* polarizou as relações internacionais entre o chamado *Mundo Livre* e o Bloco Soviético. Naquele sistema bipolar, os EUA consolidaram sua liderança entre os países capitalistas e garantiram sua hegemonia nas relações internacionais por seu poderio econômico, político e militar. Ao desmoronar o sistema soviético em 1989-1991, acabou-se o único contrapeso importante ao poderio dos EUA e este País aproveitou essa conjuntura para impor ao mundo seus próprios interesses, sem levar em conta o desejo geral de uma nova ordem mundial multipolar. Isso abalou seu prestígio internacional, obrigando-o a impor-se cada vez mais pelos meios militares, que agora incluem a guerra *híbrida*: a manipulação de redes digitais para difundir informações falsas ou distorcidas e assim derrubar governos que não se curvem a seus interesses. Mas os EUA não conseguiram superar a crise financeira de 2007-2008, que abalou profundamente sua economia e possibilitou a ascensão econômica da China, Índia, Rússia, Brasil e África do Sul – os chamados Brics. Tudo isso prenuncia profundos abalos na geopolítica mundial, pois os EUA continuam sendo a principal potência militar e econômica do mundo, mas perderam a liderança moral.

Aqui temos uma chave para explicar o atual clima de guerra no mundo: todo poder requer a combinação entre a força de quem manda e o consentimento à sua legitimidade; quando quem se submete a um poder deixa de reconhecer sua legitimidade, o consentimento diminui e a força do poderoso precisa aumentar. Esse é o quadro que explica os atuais conflitos armados – a Terceira Guerra Mundial "em capítulos", como bem os qualificou o Papa Francisco. Assim, o mundo está acelerando a corrida armamentista, cujo final será o uso de armas nucleares. Ainda que só venham a ser usadas bombas táticas – de efeito físico localizado –, seus efeitos morais podem ser globais: ao romper-se a ordem civilizacional, abre-se a possibilidade da luta de todos contra todos, cada grupo defendendo apenas seu território e seus interesses – como promete fazer o atual presidente dos EUA.

Também aqui assiste-se à espetacularização das catástrofes. As imagens de violência transmitidas pela mídia e redes digitais fazem com que ela seja vista como espetáculo que pode chocar quem assiste, mas não suscita reação prática. E qualquer violência pode prestar-se ao espetáculo, inclusive atentados terroristas, massacre de populações desarmadas – como na Palestina e nas periferias urbanas, invasão de terras de povos originários, feminicídio e assassinatos a sangue frio... A violência apresentada em forma de espetáculo não perde sua realidade, mas é uma realidade trabalhada para despertar emoções, e não a reflexão capaz de mudar essa realidade.

Resumindo: sabemos que há catástrofes climático-ambientais cada vez mais frequentes, assim como temos conhecimento de muita violência acontecendo pelo Brasil e pelo mundo. Mas, estando convencidos de que somos impotentes diante dela, preferimos assistir passivamente tal como é apresentada como espetáculo pela mídia ou simplesmente ignorá-la mudando o canal da TV ou fechando a rede digital...

### 1.3 A antiga nova forma do capitalismo

Atenho-me, neste tópico, à realidade dos países do chamado Ocidente, porque sobre eles temos informações mais confiáveis do que sobre as outras grandes potências – China, Índia e Rússia – que lhe fazem concorrência. É evidente que há muitas diferenças entre esses dois grandes blocos, mas não há indícios de que na Ásia esteja sendo gestado um modo de produção que não seja também regido pela lógica capitalista. Por isso, não é lá que espero encontrar os "sinais de esperança" que buscamos.

Situo a nova forma do capitalismo como uma das crises atuais porque ela é a resposta desse modo de produção e consumo à nova configuração geopolítica e ao início da época de catástrofes climáticas. Fique claro, porém, que, embora a tecnologia que lhe dá base de sustentação seja nova, as formas de produzir riqueza e de apropriar-se dos lucros têm suas raízes na forma primitiva de acumulação de capital: a apropriação privada de bens comuns. Vejamos primeiramente esse retorno do capitalismo a uma forma primitiva de acumular riqueza.

A crise financeira de 2007-2008 levou os grandes fundos mundiais de investimento a buscarem remunerar o capital por meio de ganhos de curto prazo. Guiados pelo imperativo de oferecer alta remuneração ao capital que lhes é confiado, eles recorrem à pilhagem de bens comuns como principal fonte de seu lucro. Minérios, terra agricultável, água, reservas de petróleo, conhecimentos, empresas públicas, locais aprazíveis e tudo que possa ser privatizado para ser colocado no mercado torna-se objeto de cobiça. Isso leva empresas que buscam o lucro imediato a invadir territórios de povos originários, derrubar florestas, usar veneno para apressar a produção do agronegócio, fraudar pesquisas, enfim, adotar práticas que violam os direitos humanos e da terra. Pressionadas por fundos de investimento que exigem dividendos para remunerar o capital, essas empresas não levam em consideração os danos ecológicos e sociais de sua atividade econômica, por mais predatória que seja. Essa é a "economia que mata", como a qualifica o Papa Francisco (2013: *Evangelii gaudium*, 53). Para blindar-se contra possíveis medidas que viessem a diminuir seus lucros, subvencionam eleições de governantes e parlamentares que se encarregam de protegê-las retirando direitos dos mais fracos e favorecendo seu avanço sobre os bens comuns. Aqui reside a contradição que prenuncia o agravamento das atuais tragédias: em vez de moderar sua ambição diante da catástrofe ambiental, o capital aumenta sua voracidade e busca acumular o maior lucro possível hoje para ter reservas quando a situação se deteriorar.

A outra forma, inovadora, de concentrar renda e riqueza combina alto desempenho tecnológico e um resquício de tempos pré--capitalistas: é o que fazem as gigantescas empresas de informática conhecidas como *big techs*. São empresas de serviço que, por meio de empresas intermediárias, colocam em contato quem produz e quem quer adquirir mercadorias. Tendo essas informações, essas empresas facilitam a transação a baixíssimo custo, mas cobrando ágio sobre cada operação de compra e venda. Por sua semelhança com a economia feudal, onde o suserano cobrava pedágio de mercadores que atravessavam seu território, o economista Yanis Varoufakis qualifica esse sistema como *tecnofeudalismo* (Varoufakis, 20 de fevereiro de 2025). Pedágio similar é cobrado pelo capital financeiro, que, sob a forma de juros sobre operações que envolvam o crédito, apropria-se de parte substancial da riqueza produzida sem contribuir no processo produtivo propriamente dito (Dowbor, 2017).

Essa antiga nova forma de capitalismo vem sendo chamada de *ultraliberal* porque radicaliza o neoliberalismo em sua rejeição ao Estado de Bem-estar ao mesmo tempo em que abandona a *globalização* ao aderir ao unilateralismo econômico e político. Prefiro, porém, chamá-la de capitalismo *de rapina* porque nele a liberdade se reduz à liberdade de comprar e vender no mercado – pagando os devidos pedágios ao capital – enquanto a apropriação privada de bens comuns movimenta a economia. Resultado disso é sua enorme capacidade de concentração da renda e da riqueza. É o que veremos em seguida.

## 1.4 Ruptura da solidariedade humana e neofascismo

A atual forma do capitalismo resultou numa concentração de renda e riqueza nunca antes vista. Tendo herdado do período neoliberal a globalização da economia e da cultura, o capitalismo atual é conduzido por uma classe social numericamente minúscula, mas riquíssima e mundialmente interligada, o que a torna poderosíssima. Recorrendo a estimativas, encontra-se no seu topo menos de três mil pessoas cuja fortuna equivale a mais de US$1 bilhão, acompanhadas por algo entre 55 e 60 milhões de pessoas com fortuna superior a US$1 milhão.[2] Essas classes hoje chamadas, respectivamente, de *super-rica* e *rica*, são as que decidem os rumos da economia mundial e das economias de seus respectivos países. Para consolidar esse poder que incide sobre todas as dimensões da existência humana, essa gente conta com a colaboração da classe média, que pode ser estimada em 820 milhões de pessoas (10% da população mundial). A maioria dessa gente se identifica com as classes mais ricas, porque também pratica o *capitalismo de rapina* (mineração, agronegócio, exploração de petróleo, expansão sobre territórios preservados, apropriação de bens comuns etc.). As mais de 7 bilhões de pessoas – o restante da população – trata de alocar-se como podem no processo produtivo ou refugiam-se na agricultura familiar, para fugir do destino de tornar-se o que foi chamado "massa sobrante".

Aqui situo a triste novidade do mundo atual: a dominação tornou-se tão desigual, que as classes dominadas já não lutam mais. Exceto algumas minorias – como o Palestino que prefere a morte à perda da dignidade –, a massa empobrecida desiludiu-se e hoje adere a influenciadores que vendem ilusões. Fecha-se, então, o ciclo da dominação capitalista atual: os supérrimos que controlam as redes digitais têm nelas não somente uma fonte de riqueza, mas também uma fonte de poder, porque por meio delas conseguem conquistar corações e mentes de toda a população. Em síntese: os supérrimos tornaram-se ao mesmo tempo superpoderosos, cabendo caracterizar os Estados nacionais que se submetem à sua vontade como oligarquias. Temos nisso um fato novo: o avanço da oligarquia sobre a democracia no cenário político atual.

---

[2] Para compreender o que significam esses números, pensar que uma pessoa contando um número por segundo, sem parar, levaria 12 *dias* para chegar a 1 *milhão*, mas 32 *anos* para chegar a 1 *bilhão*!

Essa dominação cultural que reveste de admiração o poder econômico funciona em cascata: os supérrimos e grandes milionário ocupam o topo da admiração; logo abaixo estão os e as *famosas* do mundo midiático, dos esportes ou da moda, cujo estilo todos buscam imitar; depois estão as classes médias e as classes empobrecidas que sonham se enriquecer nem que seja pelos jogos de apostas. Essa gente percebe que acredita em algo que certamente não se realizará, mas só lhes resta esse sonho depois que todas as certezas se esfumam. O problema eclode quando ela se convence de que foi enganada pelo que chamam de *sistema*: não se sabe definir o que seja, mas dizem ser "tudo isso que está aí" desde um tempo recente. Imagina-se então que no passado era diferente porque tudo estava em seu devido lugar. Nesse contexto, faz sucesso a figura política que promete restaurar esses bons tempos que só existem na imaginação atual.

Assistimos então à difusão mundial de uma nova forma de fascismo, ideologia que não distingue adversário (com quem se disputa o poder, conforme as normas da competição) de inimigo (que deve ser combatido e eliminado). Em consequência, todas as categorias sociais que não se enquadrarem na ordem estabelecida podem tornar-se alvo de perseguição e eliminação. No fascismo clássico foram os judeus, comunistas, ciganos, pessoas deficientes, e opositores políticos. O neofascismo tem por alvo migrantes pobres e quem os protege, bem como quem contraria a ordem capitalista e patriarcal, como são os comunistas, feministas e toda sorte de inimigos de Deus, da Pátria e da Família – mais imaginários do que realmente existentes.

Nesse contexto social e econômico tenebroso, não é de surpreender que antigos laços de solidariedade (laços de classe, de vizinhança e até de família) se esgarcem até desaparecer, deixando o indivíduo entregue à própria sorte. Aí entra a religião, que não tem mais a capacidade de impor uma ordem ética à sociedade e limita seu âmbito de influência à espera doméstica, passando a reger somente as vidas individuais e relações familiares e oferecer terapias de autoajuda às pessoas que sofrem.

## 2. A religião no cenário geopolítico atual

Uma análise da religião no mundo atual não pode ignorar o rápido avanço da coalizão entre representantes religiosos e lideranças de matiz neofascista. Embora seja muito arriscado definir exatamente a extensão desse fenômeno, é certo que ele ocorre – em maior ou menor grau – em diferentes continentes e atinge diferentes sistemas religiosos. Por isso a análise desse panorama mundial é o ponto de partida para a elaboração de uma explicação do que estamos presenciando. Em seguida examinaremos seu efeito na configuração atual do catolicismo brasileiro contemporâneo, por ser o mais próximo de nós.

### 2.1 Aproximação entre religião e ideário neofascistas

Tomemos como ponto de partida desta abordagem o lugar da religião no atual cenário geopolítico, a constatação da recente aproximação das grandes religiões ao ideário neofascista presente nas oligarquias de muitos países. Nas Américas e na Europa, é visível o apoio de setores de Igrejas evangélicas e da Igreja Católica ao neofascismo; a Igreja Ortodoxa russa está alinhada com a política imperial de Putin; o Judaísmo Ortodoxo é um dos sustentáculos do Estado de Israel em sua política expansionista sobre o território do povo Palestino. Algo análogo se tem com o Islã, cuja proximidade com a oligarquia pode reduzi-lo a teocracias autoritárias, como o Irã xiita e os grupos de matriz sunita da Al-Qaeda, Hamas e os talibãs do Afeganistão. Enfim, cabe lembrar a cooptação do Hinduísmo por Narendra Modi, em seu projeto de um nacionalismo hindu (Lazzarin, 2025).[3]

Convém observar que a atual aproximação de Igrejas cristãs à oligarquia no poder, em vários países do continente americano e da Europa, não representa um retorno ao regime de cristandade, anterior à Revolução Francesa e à modernidade política, mas sim uma forma nova de relação entre religião e organização da sociedade. No regime

---

[3] Em Lazzarin (2025), a associação, que ele descreve claramente, é qualificada como "conúbio".

de cristandade ocidental, tanto o poder político quanto o poder econômico estavam submetidos ao poder religioso representado pela Igreja Católica, pela Igreja Ortodoxa ou pelas Igrejas Reformadas. Já o que acontece em nossos tempos é uma coalizão entre Igreja – melhor dizendo, setores eclesiásticos – e o bloco econômico-político de tendência neofascista, no qual a direção cabe ao poder laico, tendo a instituição religiosa apenas a função de abençoá-lo. É uma diferença substancial, embora velada pelas demonstrações de deferência do poder político aos dignitários eclesiásticos.

Para encerrar esta primeira abordagem do cenário religioso contemporâneo, cumpre observar que essa coalizão entre dirigentes de Igrejas cristãs e de políticos neofascistas está longe de ser monolítica. Exemplo evidente é o da Igreja Católica, na qual a adesão de vários setores eclesiásticos a essa coalizão provoca sua dissidência com o Papa, que já deu claras demonstrações de oposição ao neofascismo, seja do matiz que for. Assim, de modo geral, essa coalizão entre cristianismo e neofascismo não é sequer majoritária, exceto nos raros casos de unanimidade institucional – como o do Patriarcado de Moscou em seu apoio ao Kremlin e de certas Igrejas evangélicas do nosso continente quando alinhadas a Trump ou Bolsonaro. Apesar disso, essas divisões internas têm força suficiente para fazer as Igrejas cristãs se retraírem no cenário sociopolítico e perderem a oportunidade de mobilizar seus membros em defesa de tanta gente e de tantas espécies vivas seriamente ameaçadas pelas guerras e pelas catástrofes climáticas apontadas na primeira parte. Para ilustrar essa função política da religião, vamos examinar um estudo de caso: a Igreja Católica no Brasil republicano.

### 2.2 A Igreja Católica no Brasil republicano: entre o protagonismo e o recolhimento

Examinar a relação entre a Igreja Católica e a sociedade brasileira durante o período republicano surpreende quem pensa que a Igreja manteve sempre a influência do período em que foi religião oficial do Brasil. Deixando de lado as muitas outras mudanças ocorridas durante esses cento e trinta e cinco anos, vamos focalizar unicamente o posicionamento da Igreja Católica em relação aos principais fatos sociopolíticos que a afeta.

A separação entre Igreja e Estado em 1890 tirou da Igreja o que lhe restava do poder de influir nas decisões do Império, mas em compensação deixou livre a Santa Sé para criar dioceses, nomear bispos, enviar missionários e orientar a formação do clero, enquanto os bispos ganhavam autonomia para criar paróquias, nomear os párocos e vigários, abrir seminários e acolher os religiosos e religiosas vindos da Europa para dirigir escolas católicas e ajudar na pastoral diocesana. Durante vinte e cinco anos a Igreja como instituição desapareceu da cena política, tendo se recolhido sobre si mesma para promover uma profunda reforma interna alimentada por sucessivas conferências episcopais (1901, 1904, 1907, 1911) que elaboraram uma Constituição eclesiástica promulgada na conferência de 1915 e imediatamente adotada por todas as dioceses do Brasil. Desponta então Dom Leme, que ao assumir a Arquidiocese do Rio de Janeiro assume a liderança do episcopado nacional.

Seu projeto fica explícito quando, ao ser sagrado bispo, escreve: "Falam em questão operária, mas eu creio que o que está em jogo é a questão humana. A nós, homens de fé e da Igreja, cabe impor ao mundo a ordem cristã" (Santo Rosário, 1962, p. 53, citado por Costa, 2013). No cerne desse projeto estão a reintrodução de Deus na sociedade (leia-se: na família) e a conformação da Constituição da República às leis divinas interpretadas pelo magistério da Igreja. Para realizá-lo, combina o trabalho de base paroquial – catequese e criação de associações religiosas – e alguns eventos religiosos de forte impacto sociopolítico. Por sua dimensão simbólica e seus efeitos na relação entre Igreja e Estado, eles mereceriam ser analisados com mais detalhes, mas aqui assinalo apenas seus elementos mais importantes.

O primeiro deles foi a convocação do Congresso Eucarístico em setembro de 1922. Era a Igreja Católica que trazia o povo brasileiro à capital da República, na mesma data em que se comemorava o centenário da Independência. Se a república havia relegado a religião à esfera privada, o Congresso Eucarístico a colocaria de novo no espaço público para falar da "restauração cristã do Brasil pela vida eucarística, principalmente na família, na infância e na mocidade". No "dia da Pátria" realizou-se a solene procissão do Santíssimo Sacramento em que a multidão cantava: "Queremos Deus, que é nosso Rei", malgrado os "ingratos e insensatos" que não se submetiam à doutrina e à moral da Igreja. Esse cortejo mostra a força da Igreja Católica ao passar em frente ao Palácio do Catete – onde o Presidente da República e sua família se ajoelharam diante do Santíssimo Sacramento. Assim, ao encerrar o congresso, diz Dom Leme: "A voz que vai saudar a data do Centenário é a voz do Brasil que tem fé, do Brasil que ama, do Brasil que espera em Jesus Cristo! Nós somos a alma da Pátria! Jesus Sacramentado! Nós somos o Brasil que vos aclama!".

Tal força simbólica, contudo, só se converterá em força política na década seguinte, quando a vitória da Aliança Liberal derruba a 1ª República e Dom Leme é o fiador da transição pacífica para o governo de Vargas. Até lá, os católicos cantarão: "Queremos Deus" em oposição aos anticlericais no poder, mas sua força política é insuficiente para concretizar o projeto de ordem cristã.

É no período varguista que Dom Leme dá os primeiros passos para instaurar a "ordem cristã". Para isso, ele incentiva a criação de novos organismos católicos – como a Ação Católica, o Centro Dom Vital, a Liga Eleitoral Católica e a Revista "A Ordem" – e promove dois outros grandes eventos de repercussão pública: a proclamação do Padroado Nacional de Nossa Senhora Aparecida e a inauguração do monumento ao Cristo Redentor no morro do Corcovado, também em 1931 (Beozzo, 1984). Ao tornar-se oficialmente padroeira do Brasil, a venerada imagem de N. Sra. Aparecida é trazida até o Rio de Janeiro, onde uma multidão de devotos e devotas – muita gente vinda em romaria – acompanha a procissão pelas ruas da capital. É uma quantidade de gente tão grande, que Osvaldo Aranha, ministro de Getúlio Vargas, teria dito ao Presidente: "Dr. Getúlio, nós fizemos a revolução, mas quem coloca o povo na rua é a Igreja [...]. Precisamos conversar com Dom Leme".

Já a construção do monumento/imagem de Cristo no alto do Corcovado não envolveu movimento de massa, mas teve grande significado político: Cristo – com a marca católica do Sagrado Coração – fica justamente acima do palácio presidencial, como que observando o Presidente da República.

Resultado prático desses gestos foi o sucesso da Liga Eleitoral Católica nas eleições para a Constituinte de 1934, de modo a assegurar as três grandes reivindicações políticas da Igreja: a indissolubilidade do casamento, o financiamento público ao ensino religioso e a assistência religiosa aos militares. Assim conclui-se o projeto de assentar as bases do que foi chamado "concordata não escrita" entre Igreja e Estado no Brasil: na instância federal, o Presidente da República deve se entender com o Cardeal do Rio de Janeiro; nos Estados, o Governador conversa com o Arcebispo da capital; nos Municípios, o Prefeito terá como interlocutor o Bispo ou o Pároco local. Esse bom entendimento vai durar até a década de 1950, quando o período de modernização da sociedade no pós-guerra vem alterar as relações políticas em vigor.

A política desenvolvimentista do segundo governo Vargas e de J. Kubitschek vai encontrar a Igreja Católica acomodada em sua hegemonia na certeza de ser a maior nação católica do mundo. Já sofria, porém, os primeiros abalos em sua influência sociopolítica devido ao surgimento de grupos de influência pública favoráveis ao divórcio e ao ensino público laico. Além disso, o crescimento de outras correntes religiosas – evangélicas, espíritas e de matriz afro – representava uma concorrência incômoda. Nesse contexto desponta outro bispo: Dom Helder Câmara. Aberto aos grandes temas do momento – o desenvolvimentismo, no campo político, e todo o processo de renovação da Igreja Católica impulsionado por João XXIII –, Dom Helder logo assume um lugar de liderança no episcopado, agora organizado em forma de Conferência Episcopal – a CNBB. Apesar de ela ter apoiado o golpe de 1964 e logo depois marginalizar Dom Helder, a mobilização de setores do laicato organizado, do clero e das religiosas, com o apoio de um grupo de bispos, reverte a correlação de forças internas da Igreja, levando-a a assumir decididamente a causa dos direitos humanos. A partir daí, a CNBB ganha protagonismo diante do governo tecnocrático-militar e torna-se uma das vozes mais influentes da sociedade civil devido à forte tradição do catolicismo no Brasil.

Esse período, que pode ser datado de 1952 (fundação da CNBB) a 1988 (promulgação da Constituição *cidadã*), marca até hoje a Igreja Católica no Brasil – e também noutros países de *Nossa América* – como promotora dos direitos humanos na perspectiva da opção preferencial pelos pobres, embora desde então ela tenha se afastado – ou sido afastada pela Santa Sé – desse protagonismo na luta por justiça e direitos humanos. Desde então, percebe-se um processo de recolhimento da Igreja Católica sobre si mesma, como se o sofrimento dos pobres e da terra não a afetasse. Tudo se passa como se a Igreja devesse ocupar-se unicamente do calendário litúrgico e santoral, podendo ignorar as realidades da história humana e da terra. O resultado dessa tendência pastoral é uma Igreja ocupada com celebrações procurando competir com as missas transmitidas pelas TVs católicas, mesmo correndo o risco de transformá-las mais em espetáculo a ser assistido, do que em encontro de uma comunidade consigo mesma e com o divino.

Assim, o cenário sociopolítico destas primeiras décadas do século XXI mostra uma Igreja Católica recolhida sobre si mesma, na qual as pastorais sociais e as comunidades eclesiais de base – criações dos anos de 1970 a 1990 –, que tiveram notável impacto nas lutas sociais das classes populares, foram desprestigiadas ou mesmo esvaziadas pelas autoridades eclesiásticas. Sobrevivem, sim, graças ao apoio de um grupo de bispos, padres, religiosas e movimentos leigos que não perderam o espírito da teologia do Concílio Ecumênico do Vaticano II e sua recepção latino-americana em Medellín, Puebla e Aparecida. A eleição de Francisco, em 2013, veio dar novo alento a esse setor, mas o aparelho burocrático da Cúria Romana está longe de favorecer a nomeação de bispos que apoiem as CEBs, as pastorais sociais e a sinodalidade desejada pelo Papa.

Diante desse quadro – desenhado em traços demasiadamente fortes, talvez, mas com a intenção de despertar a atenção para a dificuldade de uma religião desempenhar papel profético e anunciar a esperança nessa era de trevas –, encerro esta parte para passar logo à reflexão sobre o papel sociopolítico do cristianismo: "Dar fundamento à nossa esperança" (1Pd 3,15).

## 3. Nesta *era de trevas*, trazer sinais de esperança

Os anos de 1945 a 1975 foram o período em que a grande maioria da população mundial experimentou um padrão de vida superior ao de seus pais. Foi o que mostrou E. Hobsbawm em sua história do século XX, que termina afirmando que, se o mundo não corrigisse a desigualdade social, seu futuro seria "a escuridão" (Hobsbawm, 1994). Hoje sabemos que a desigualdade, ao invés de ter sido combatida, aumentou – e muito. Por isso, podemos dizer que já entramos na *era de trevas*. Mas na década de 1980 o mundo ainda respirava o clima de otimismo do final daqueles anos *dourados*, e o ecumenismo e o diálogo inter-religioso alimentavam a esperança de que o final da *Guerra Fria* fosse o prenúncio da tão sonhada paz mundial. É nesse contexto que Hans Küng propôs um projeto de *"éthos* mundial" no qual as religiões entram como elemento indispensável, por serem campo propício a fomentar a paz e a esperança (Küng, 2005).

Hoje essa proposta parece não ter mais cabimento. Há mais de um século Max Weber percebeu o *desencantamento* do mundo devido ao avanço da racionalidade associada à guerra, à ciência, à tecnologia, à cidade e ao mercado – campos que tornam dispensáveis os grandes sistemas religiosos que por séculos dominaram o cenário cultural (Oliveira, 2023, p. 130-132).[4]

---

[4] A tese do desencantamento é abordada por Max Weber e foi discutida em detalhes nas páginas 130-132 de Oliveira (2023).

Basta lembrar que as leis de trânsito, da gravidade e do mercado independem de sanções ou interferências divinas para vigorar. Nem os direitos humanos, de formulação mais recente, necessitam de respaldo religioso. Exemplar é a lei da oferta e procura, que rege o mercado: nenhuma força sobrenatural é invocada para explicar a oscilação dos preços, embora suas consequências – riqueza de uns e pobreza de outros – possam ser atribuídas à bênção ou maldição divina.

Vemos, porém, que as religiões não morreram: as divindades éticas do passado cederam seu lugar a pequenas divindades. São fadas, gnomos, duendes, entidades, anjos, santos e santas, e até mesmo um Jesus que habita os corações ou que faz aposta para premiar quem prova ter fé. Enfim, uma plêiade de pequenas divindades que estão aí para proteger e energizar quem se dispõe a viver em paz consigo mesmo e com o mundo, dispensando os grandes deuses do passado.

Essa transformação religiosa é talvez o traço mais característico do atual panorama religioso mundial: a religião perde a capacidade de reger a sociedade e volta-se para a esfera privada, onde seus pequenos deuses são eficientes para resolver os problemas cotidianos e dar sentido às biografias. Vale observar que essa forma religiosa se difunde tanto nas grandes religiões, aproximando-as da autoajuda, quanto em novos movimentos que recusam a rotulação de religiosos e se identificam como espirituais.

Diante disso, fica difícil justificar nossa esperança num mundo onde "justiça e paz se abraçarão" (Sl 85,11). Olhando o cenário do mundo atual, temos de concordar com a perda de importância das religiões que pautam a conduta de uma coletividade. É preciso voltar o olhar para as periferias – ou mesmo os bastidores – do atual cenário para ver que as religiões éticas podem, sim, desempenhar a função que Hans Küng previa. Esse olhar para os espaços periféricos pode mostrar grupos que, movidos por sua fé, lutam pela construção de uma nova ordem socioeconômica não regida pelas relações de mercado (comprar/vender), e sim por relações do circuito da dádiva (dar/receber/retribuir), que é a base das relações internas de uma comunidade.

Em termos sociopolíticos, ele se traduz na fórmula ideal que pede "de cada pessoa conforme sua capacidade, a cada pessoa conforme sua necessidade", que inspirou e ainda inspira movimentos de matiz socialista ou mesmo comunista, mas é em primeiro lugar o princípio implícito na economia das antigas comunidades e que até hoje rege a economia doméstica. Marcelo Barros está elaborando um estudo bíblico em que busca demonstrar que o *Reinado de Deus* anunciado por Jesus bem poderia ser traduzido, em nossos dias, por um conceito que não se confunda com uma forma antidemocrática de monarquia.[5] Ele sugere – e sigo a mesma linha de pesquisa – que a proposta de Reinado de Deus tem muito em comum com várias sabedorias de povos originários ou tradicionais, sempre ancoradas em alguma relação com o mundo espiritual ou sagrado. Desse ideal seriam exemplos o *Sumak Kausay* de povos andinos, o projeto Maia do Caracóis, em Chiapas, a busca da *terra sem males* dos guarani, a memória do cristianismo primitivo, a pregação de Antônio Conselheiro em Canudos e tantas outras sabedorias de povos originários ou classes que resistem à opressão e à colonialidade. Constatando que essa sabedoria ancestral com frequência está associada à religião, deixo aqui minha conclusão em forma de desafio a todos e todas nós que estudamos religião, seja na perspectiva de teologia, seja na perspectiva das ciências humanas: dirigir o olhar para as periferias e bastidores do cenário mundial para perceber os sinais dos tempos em que justiça e paz se abraçarão.

## Referências

BEOZZO, José Oscar. A igreja entre a revolução de 1930, o Estado Novo e a redemocratização. *In*: FAUSTO, Boris (org.). *História geral da civilização brasileira III*: Brasil Republicano, economia e cultura (1930-1964). 2. ed. São Paulo: Difel, 1984. p. 271-341.

COSTA, José William Barbosa. *Dom Leme e os movimentos religiosos de massas*: a proposta de ordem cristã para o Brasil. Belo Horizonte: PUC-Minas, 2013.

---

[5] Escrevendo este texto em fevereiro de 2025, ainda não tenho acesso à versão final de M. Barros, apenas ao rascunho.

DOWBOR, Ladislau. *A era do capital improdutivo*: por que oito famílias têm mais riqueza do que a metade da população do mundo? São Paulo: Autonomia Literária, 2017.

FRANCISCO, Papa. *Exortação Apostólica "Evangelii gaudium"*: o anúncio do evangelho no mundo atual. Paulinas: São Paulo, 2013.

HOBSBAWM, Eric. *A Era dos Extremos*: o breve século XX. São Paulo: Cia das Letras, 1994.

KÜNG, Hans. *Para que um ethos mundial?* São Paulo: Loyola, 2005.

LAZZARIN, Flávio. Entrevista dada a IHU e Baleia Comunicação. 7 jan. 2025. Disponível em: https://www.ihu.unisinos.br/categorias/159-entrevistas/647488-caminhar-com-os-pequenos-no-amor-na-coragem-e-na-verdade-entrevista-especial-com-flavio-lazzarin. Acesso em: 14 fev. 2025.

OLIVEIRA, Pedro A. Ribeiro de. *Convite à sociologia da religião*. Juiz de Fora: Edição Autor, 2023.

VAROUFAKIS, Yanis. *Somos humildes servos dos senhores da nuvem*: bem-vindos ao tecnofeudalismo. IHU, 20 fev. 2025. Disponível em: https://ihu.unisinos.br/categorias/636650-somos-humildes-servos-dos-senhores-da-nuvem-bem-vindos-ao-tecnofeudalismo. Acesso em: 20 fev. 2025.

# PARTE II

## Sessenta anos do Concílio Vaticano II

# 1. Vaticano II: Sessenta anos de avanços, recuos e esperanças

MARIA CLARA BINGEMER[1]

A certeza é a grande inimiga da unidade. A certeza é a inimiga mortal da tolerância [...]. A nossa fé é uma coisa viva precisamente porque anda de mãos dadas com a dúvida [...]. Se houvesse apenas certeza, não haveria mistério. E, portanto, nenhuma necessidade de fé (Filme *Conclave* – discurso do Cardeal Lawrence, 2024).

## Introdução

Há sessenta anos terminava o Concílio Vaticano II, identificado pelo Papa João XXIII que o convocara em 1962 como "flor de inesperada

---

[1] Possui graduação em Comunicação Social e Teologia pela Pontifícia Universidade Católica do Rio de Janeiro (1975), mestrado em Teologia pela Pontifícia Universidade Católica do Rio de Janeiro (1985) e doutorado em Teologia Sistemática pela Pontifícia Universidade Gregoriana (1989). Atualmente é professora titular no Departamento de Teologia da PUC-Rio. Durante dez anos dirigiu o Centro Loyola de Fé e Cultura da mesma Universidade. Durante quatro anos foi avaliadora de programas de pós-graduação da Coordenação de Aperfeiçoamento de Pessoal de Nível Superior (Capes). Durante seis anos foi decana do Centro de Teologia e Ciências Humanas da PUC-Rio. Tem experiência na área de Teologia, com ênfase em Teologia Sistemática, atuando principalmente nos seguintes temas: Deus, alteridade, mulher, violência e espiritualidade. Tem pesquisado e publicado nos últimos anos sobre o pensamento da filósofa francesa Simone Weil. Atualmente seus estudos e pesquisas vão primordialmente na direção do pensamento e escritos de místicos contemporâneos e da interface entre Teologia e Literatura. E-mail: maria.agape@gmail.com

primavera".[2] O Concílio sacudiu estruturas e consciências e é até hoje um marco iniludível na história moderna e pós-moderna da Igreja Católica e do cristianismo histórico em geral presente no Ocidente. Neste texto procuraremos destacar alguns pontos que nos parecem fundamentais para entender e vivenciar a recepção a médio e longo prazo do que foi esse grande acontecimento. Não temos a pretensão de esgotar a contribuição conciliar, mas sim de chamar a atenção para o fato de que a recepção desses pontos não terminou e deve ser continuamente buscada ainda hoje.

## 1. A primazia do antropológico

Até o Concílio, em pleno século XX, a Igreja se movia em uma perspectiva teocêntrica de mundo, em que Deus e o religioso se encontravam no centro do pensar e regiam os demais campos do saber. O Concílio percebeu que a modernidade que avançava e crescia nas sociedades antes teocêntricas e cada vez mais secularizadas agora apresentava o humano como medida de todas as coisas (Da Vinci, 2025).[3] A ciência e a técnica, conquistas humanas, começaram a ganhar cada vez mais importância. As verdades inamovíveis da moral ancorada na religião passarão a ser sempre mais questionadas por homens e mulheres que não aceitavam mais ser regidos por leis celestiais e reivindicavam os direitos à fruição de seus corpos.

As utopias e os modelos desejados de construção e organização da sociedade e mesmo das igrejas não eram mais compreendidas como individuais e perenes. Mas, em uma vida e um mundo dinâmico, vivo e em constante mudança, passavam a ser concebidas como sempre em movimento, tanto quanto os próprios seres humanos, que agora ocupavam o centro do pensar e das preocupações das Igrejas. A dúvida passou a conviver – e mesmo a enriquecer – a fé.

---

[2] No discurso da sessão de abertura, o Papa João XXIII disse: "Julgamos ser inspiração do altíssimo, qual flor de inesperada primavera, convocar o Concílio Ecumênico Vaticano II".

[3] Veja-se o conceito contido no desenho de Leonardo da Vinci, conhecido como "O homem vitruviano", que mostra um homem tocando com suas extremidades (mãos e pés) as bordas do círculo.

# 1. Vaticano II: Sessenta anos de avanços, recuos e esperanças

Talvez o texto paradigmático mais importante para descrever esse estado de coisas seja o parágrafo 1 da Constituição Pastoral *Gaudium et spes*:

As alegrias e as esperanças, as tristezas e as angústias dos homens de hoje, sobretudo dos pobres e de todos aqueles que sofrem, são também as alegrias e as esperanças, as tristezas e as angústias dos discípulos de Cristo; e não há realidade alguma verdadeiramente humana que não encontre eco no seu coração. Porque a sua comunidade é formada por homens que, reunidos em Cristo, são guiados pelo Espírito Santo na sua peregrinação em demanda do reino do Pai e receberam a mensagem da salvação para a comunicar a todos. Por esse motivo, a Igreja sente-se real e intimamente ligada ao gênero humano e à sua história (GS, 1).

Note-se que esse documento – talvez o mais importante emanado da assembleia conciliar – enfatiza dois pontos sobre os quais se volta preferencial e atentamente a atenção da Igreja: o antropológico e o histórico. Para dizê-lo textualmente: "O gênero humano e sua história". A teologia pós-conciliar, portanto, viu com clareza que só poderia se comunicar com o mundo – o qual vivia as profundas transformações da modernidade – a partir de uma centralidade antropológica desde a qual se fazia possível dizer o divino e comunicar sua mensagem.

Uma das grandes mudanças, e igualmente dos grandes avanços, que o Concílio Vaticano II trouxe às igrejas e à teologia cristã foi, portanto, expor a necessária inseparabilidade entre teologia e antropologia. Falar de Deus implica necessariamente falar do humano e vice-versa. Mas quem é esse ser humano que atrai e contém toda a atenção e a prática da Igreja?

Trata-se de alguém aberto em todas as direções porque existe a partir da relacionalidade e não apenas da racionalidade solitária (Boff, 1980, p. 26-41). O ser humano é um fenômeno e não menos um milagre no qual brilha a alteridade, no qual convivem transcendência e finitude, no qual coabitam inteligência e capacidade transformadora juntamente com uma dependência e vulnerabilidade que o constituem como incapaz de se dar a si mesmo o ser. Sua

MARIA CLARA BINGEMER

identidade constitui-se sempre em produto daquilo que ele próprio não é. Ser receptivo e posterior, esse é o ouvinte da Palavra de Deus, o interlocutor das pessoas, comunidades e instituições que a escutam e comunicam através de seu discurso, sua preocupação e sua prática transformadora (Rahner, 2006, p. 26-41).

Porém, esse ser humano não está definido e percebido de maneira unívoca. Situado na corrente da história, trata-se de um ser contextual, situado e datado. Esse contexto determina de algum modo sua mentalidade, sua cultura, sua identidade. Essa história não é, portanto, história de um indivíduo isolado, mas sempre história de uma comunidade, supraindividual. É o conjunto do acontecer contextual e universal como determinação e obra do ser humano. É igualmente o lugar da experiência de Deus e da salvação por Ele oferecida e realizada. Não existem, portanto, duas histórias – a profana e a sagrada –, mas uma só história e ela é de salvação.

Mas como pode a palavra humana falar de Deus a partir do solo mutante e movediço da história? Como relacionar Deus e a história, se Deus transcende a história? Deus não é infinito, atemporal, onipotente e onipresente? E a história não é o terreno do provisório, do contingente, da caducidade? Como poderia Deus ser conhecido e dito, já que o discurso humano se encontra exposto a uma imensa diversidade, interagindo com inúmeras diferenças, inclusive religiosas e espirituais? Não se tornaria, assim, a identidade humana ou divina igualmente movediça e suas fronteiras de definição esgarçadas? Esse é um desafio importante que se apresenta com o Vaticano II que tem impactos fortes e consequências importantes. Os documentos conciliares tomam consciência desse estado de coisas e trazem então nas linhas de seus documentos a constatação e mesmo o convite à Igreja e aos cristãos a abraçar a pluralidade enquanto terra de pertença. O interlocutor da Igreja é, portanto, a partir do Concílio, além de um ser relacional, intersubjetivo, dialogal, alguém contextualizado e inserido em uma cultura ao mesmo tempo em que é aberto à pluralidade e às diferenças. O tempo pós-conciliar deverá enfrentar esse desafio para proferir o anúncio cristão (Boff, 1980).

# 1. Vaticano II: Sessenta anos de avanços, recuos e esperanças

## 2. Pluralidade, diversidade e novos diálogos

Hoje vivemos em um mundo que não é mais como aquele em que aconteceu a existência de nossos antepassados e avós, as gerações que sempre nasceram e se criaram cercados dos símbolos, dos sinais e das afirmações da fé cristã sobretudo católica. Hoje vivemos num mundo no qual a religião, muitas vezes, desempenha mais o papel de cultura e força civilizatória do que propriamente de credo de adesão que configura a vida (Dupuis, 1999; Teixeira, 1995; 2000a, p. 111-148; Hébrard, 1997; Amaral; Küenzlen; Danneels, 1994; Schlegel, 1985, p. 92). Mais ainda: vivemos num mundo secularizado e plural em todos os aspectos e termos. Desejamos dizer com isso que a pluralidade advinda do processo de globalização afeta não apenas o terreno econômico e o social, mas igualmente o político, o cultural e o religioso. Hoje as pessoas nascem e crescem no meio de um mundo no qual se cruzam, dialogam e interagem de um lado com o ateísmo, o agnosticismo, a descrença e/ou a indiferença religiosa; e de outro lado com várias religiões e propostas espirituais, antigas e novas, que se entrecruzam e se interpelam reciprocamente.

O cristianismo histórico – muito concretamente aquele que se configura no tempo pós-conciliar – encontra-se no meio dessa interpelação e dessa pluralidade. Trata-se de um polifacetismo religioso o qual, por sua vez, implica a existência de tentativas de discursos e propostas sobre o Sagrado, a Sacralidade, o Divino ou Deus cheios de diferenças, segundo os contextos em que se vive e suas características. São discursos que estarão permeados e mesmo configurados em maior ou menor proporção pelo fenômeno da secularização, que avança e transforma a visão do campo religioso e cultural, assim como pelo eclodir da convivência ao mesmo tempo sedutora e algo conflitante das diferentes religiões, não apenas aquelas de tradições mais antigas e institucionalizadas, como também de novos movimentos religiosos que, a cada dia, inventam novas sínteses para expressar a busca do ser humano de hoje pelo Transcendente.

115

## 3. Para além da secularização e do pluralismo

O pluralismo está presente na história do cristianismo desde os seus primórdios. Nascido no seio do judaísmo, o novo movimento espiritual deverá encontrar maneiras de comunicar-se no seio do mundo pagão e politeísta da Grécia e da Roma antigas. Para tal, deverá servir-se das categorias da filosofia grega, antiga e pagã, assim como será desafiado a dialogar com os diferentes deuses presentes nesse mundo, a fim de poder fazer visível e audível o anúncio de seu Deus. Um exemplo saboroso e potente desse pluralismo e da entrada do cristianismo nele é o episódio de Paulo no areópago de Atenas, com seu anúncio do Deus desconhecido, descrito no capítulo 17 do livro dos Atos dos Apóstolos.[4]

Esse pluralismo pareceu obscurecer-se na Idade Média, quando o mundo ocidental era maciça e quase totalmente cristão. Os que professavam credos diferentes eram considerados hereges e infiéis a serem combatidos e eliminados (Costa; Ribeiro, 2000, p. 111-144; 1999, p. 836-858). A Reforma Protestante recoloca a questão do pluralismo, rompendo a univocidade da cristandade. O processo de secularização, com a autonomia da razão, o racionalismo e a crise das instituições, trouxe novos elementos para um quadro no qual a homogeneidade já estava rompida ou pelo menos questionada (Moltmann, 1998).

Hoje, assistimos à privatização da vida religiosa, que vai de par com a autonomia do ser humano moderno *versus* a heteronomia que regia o mundo teocêntrico medieval. Cada um compõe sua própria "receita" crente, e o campo religioso se assemelha a um grande supermercado, assim como a um "lugar de trânsito" no qual se entra e se sai. A modernidade não se liquidou com a religião. Ao contrário, ressurge com nova força e nova forma. Ou ainda recuperando formas antigas. Ressurge não mais institucionalizada como antes, mas, sim, plural e multiforme, selvagem e mesmo anárquica, sem condições de voltar ao pré-moderno (Bingemer, 1992; Libanio, 2000,

---

[4] Em At 17,1ss: Paulo no areópago de Atenas, falando do Deus desconhecido a partir do politeísmo grego.

p. 2-7; Teixeira, 2000b, p. 17-22). Ou ainda ameaçando recuperar formas antigas e desgastadas que se acreditaria para sempre superadas. Vejam-se como exemplo os grupos integristas que parecem crescer e ganhar força, criticando posições mais avançadas dentro da Igreja, inclusive do Papa Francisco, e dificultando o caminho em direção a uma abertura dialogal que inclua aqueles e aquelas que se afastaram da Igreja por não concordarem com posturas rígidas e inclementes para com grupos e setores da sociedade.

A consciência de que a salvação não se encontra atrelada a uma instituição apenas faz com que pessoas procurem viver sua fé de outro modo, não ligadas a uma religião. No Brasil, o censo mostra a cada período de seu relatório o crescimento dos "desigrejados", que buscam viver sua fé por outros caminhos diferentes da pertença institucional eclesiástica (Martins, 2024). Mostra também a drenagem que as Igrejas e movimentos neopentecostais realizam no catolicismo e no protestantismo histórico (Martins, 2024). Estes perdem continuamente mais fiéis, enquanto os primeiros crescem e se expandem.

## 4. Frutos persistentes do Concílio

Apesar do panorama acima descrito, talvez um tanto pessimista, é importante reconhecer que o Concílio continua dando frutos. E igualmente que, com o pontificado do Papa Francisco, muitas coisas que pareciam esquecidas ou caídas na obscuridade foram resgatadas e retomadas.

Uma delas é a questão dos pobres, central na recepção do Concílio, sobretudo na América Latina com a Teologia da Libertação. Identificamos aqui a linha de continuidade com o Concílio quando este dá o giro copernicano na concepção da revelação e da fé e apresenta o ser humano vivendo na história como o centro de seu anúncio e seu pensar.

No atual pontificado, o humano volta a ocupar o centro do discurso eclesial, mas com rostos bem concretos e determinados: o dos pobres e vulneráveis, sobretudo dos migrantes, sem terra e sem pátria, que empreendem caminhos ameaçadores para fugir de situações em que a vida não parece mais possível. A encíclica *Fratelli tutti*, de 2020, sobre a amizade social, deixa igualmente claro que o rosto da fraternidade passa pelos mais pobres, pelos feridos à beira do caminho, dos quais é preciso cuidar e com os quais é preciso responsabilizar-se. Nela o Pontífice diz que só haverá fraternidade a partir de baixo, sob pena de alguém ser abandonado, caído pelo caminho, desatendido e desassistido:

> É possível começar por baixo e caso a caso, lutar pelo mais concreto e local, até ao último ângulo da pátria e do mundo, com o mesmo cuidado que o viandante da Samaria teve por cada chaga do ferido. Procuremos os outros e ocupemo-nos da realidade que nos compete, sem temer a dor nem a impotência, porque naquela está todo o bem que Deus semeou no coração do ser humano (FT, 78).

Igualmente outros rostos dos pobres vieram à luz com maior evidência neste pós-concílio que hoje vivemos. São eles os rostos das mulheres, que silenciosamente adquirem mais visibilidade na Igreja, criando mesmo uma escola de teologia a partir de sua identidade e diferença. A teologia feminista que surge do movimento maior chamado "feminismo" é hoje um fato reconhecido na Igreja e, sobretudo, fora dela. As mulheres são maioria nas comunidades, assumindo a liderança das liturgias, das reuniões de pastoral e do acompanhamento espiritual. Vítimas de violência crescente, e apesar disso, elas vão assumindo o lugar principal nas famílias, na vida profissional e na vida eclesial e religiosa. Sua presença clama por atenção e igualdade, já que são sujeitos ativos e presentes do Povo de Deus.

Além disso, o atual pontificado de Francisco chamou poderosamente a atenção da humanidade para a catástrofe climática que se faz sempre mais presente ameaçando o futuro da humanidade e, sobretudo, dos pobres, além de gerar previsões catastróficas como a extinção de toda forma de vida. Assim fazendo, o Papa, fiel ao substrato da *Gaudium et spes*, escreve a encíclica *Laudato si'*, que este ano completa dez anos desde que foi promulgada em 2015. Insere um novo elemento definitivo na compreensão do que é o ser humano, sua identidade, vocação e missão. Apesar de sua singularidade, a pessoa humana, homem ou mulher, não pode ser considerada independente da imensa comunidade de seres vivos que são criação de Deus e povoam a terra, nossa mãe e irmã. Somos terra. Dela saímos, a ela voltamos. Esse pertencer à terra nos irmana e equivale, não permitindo atitudes de superioridade predatória para com a natureza e as espécies. Ser humano é ser parte de uma imensa comunhão de diferentes seres vivos. E é saber que tudo está interligado e que a humanidade é parte dessa coligação.

## 5. Conclusão: discípulos a caminho

Finalmente, vivemos hoje um fruto maior do Concílio que está em linha direta de continuidade com aquela flor de inesperada primavera da década de 1960. A Constituição Dogmática *Lumen gentium* propõe o modelo da Igreja como Povo de Deus. Esse Povo é escolhido por Deus e é incorporado a Cristo pela água e pelo Espírito. O batismo é o chão comum onde nasce cada cristão, que depois segue caminhos múltiplos segundo as vocações, os carismas e os ministérios.

Em direta e fecunda linha de continuidade com a concepção eclesial do Concílio, o Papa Francisco convocou um Sínodo, iniciado em 2021, tendo sua última sessão em 2024. Esse Sínodo não é apenas mais um dos vários que o pontificado convocou sobre diversos temas: a Amazônia, os jovens etc. Seu tema é a sinodalidade como modo próprio de toda a Igreja ser. Trata-se, portanto, de um Sínodo sobre a sinodalidade.

Esse Sínodo, que agora capta as atenções de toda a Igreja e, para além dela, das outras Igrejas, das outras religiões e da sociedade, resgata o modelo dos começos do cristianismo, pelo qual se reconheciam os discípulos: discípulos do caminho, como foram chamados. Sínodo significa "caminhar juntos" e certamente esse modelo simples e convidativo, juntamente com outras palavras de ordem do pontificado de Francisco, como "cultura do encontro" e "Igreja em saída", deixam respirar sem sombra de dúvida o aroma conciliar que nos anos 1960 trouxe tanta esperança com a entrada do perfume da abertura e da liberdade quando a Igreja abriu os braços para o mundo.

Apesar de todos os obstáculos e problemas que possa haver acontecido ao longo desses sessenta anos, indubitavelmente o Vaticano II renovou o rosto da Igreja. E, apesar das interrupções e fases mais difíceis que trouxeram o frio do inverno e a inquietação para o processo eclesial, mostrou que veio para ficar, já que renasce hoje, cheio de vigor, pela mão do Papa Francisco.

O Concílio nos deixa como herança a convicção dinâmica de que a fé convive com a dúvida. E por dúvida entendemos aqui diferença, alteridade, divergência, discordância. A comunhão é feita do difícil consenso dessas várias dúvidas que vão buscando uma convergência que só o Espírito de Deus pode dar. Como diz o personagem Cardeal Lawrence, interpretado por Ralph Fiennes no filme *Conclave*, dirigido por Edward Berger e lançado em 2024: "Nossa fé é uma coisa viva precisamente porque anda de mãos dadas com a dúvida. Se houvesse apenas certeza não haveria mistério. E, portanto, nenhuma necessidade de fé" (Berger, 2024).

Graças ao sopro da primavera conciliar e da beleza da flor dele nascida, respiramos o ar fresco e vital da fé no mistério, que aprende a conviver elegantemente com a dúvida e que, persistindo na busca, encontra a comunhão e o amor.

## Referências

AMARAL, Leila; KÜENZLEN, Gottfried; DANNEELS, Godfried. *Nova era*: um desafio para os cristãos. São Paulo: Paulinas, 1994.

*Bíblia Pastoral*. São Paulo: Paulus, 2002.

BINGEMER, Maria Clara Lucchetti. *Alteridade e vulnerabilidade*: experiência de Deus e pluralismo religioso no moderno em crise. São Paulo: Loyola, 1993.

BOFF, Leonardo. Constantes antropológicas e revelação. *Revista Eclesiástica Brasileira*, v. 40, n. 158, 1980, p. 377-392.

CONCÍLIO ECUMÊNICO VATICANO II. *Documentos do Concílio Vaticano II*. São Paulo: Paulus, 1997.

COSTA, Rosemary Fernandes da; RIBEIRO, Márcio Henrique da Silva. Violência e não violência na história da Igreja II. *Revista Eclesiástica Brasileira*, v. 60, 2000, p. 111-144.

COSTA, Rosemary Fernandes da; RIBEIRO, Márcio Henrique da Silva. Violência e não violência na história da Igreja. *Revista Eclesiástica Brasileira*, v. 59, fasc. 236, 1999, p. 836-858.

DA VINCI, Leonardo. O Homem Vitruviano. *In*: *Wikipédia, a enciclopédia livre*. Disponível em: https://pt.wikipedia.org/wiki/Homem_Vitruviano_(desenho_de_Leonardo_da_Vinci). Acesso em: 21 mar. 2025.

DUPUIS, Jacques. *Rumo a uma teologia cristã do pluralismo religioso*. São Paulo: Paulinas, 1999.

FRANCISCO. *Fratelli tutti*: sobre a fraternidade e a amizade social. Vaticano, 3 out. 2020. Disponível em: Vatican. Acesso em: 21 mar. 2025.

HÉBRARD, Monique. *Entre nova era e cristianismo*. São Paulo: Paulinas, 1997.

LIBANIO, João Batista. Fascínio do sagrado. *Vida Pastoral*, v. 41, n. 212, mai./jun. 2000, p. 2-7.

MARTINS, Maria Angélica. Desigrejados e crescimento de templos evangélicos: aparente contradição? *Sete margens*, 9 jan. 2024. Disponível em: https://setemargens.com/desigrejados-e-crescimento-de-templos-evangelicos-aparente-contradicao/. Acesso em: 23 mar. 2025.

MOLTMANN, Jürgen. *Trindade e reino de Deus*: uma contribuição para a teologia. Petrópolis: Vozes, 1998.

RAHNER, Karl. *O ouvinte da palavra*: fundamentos de uma filosofia da religião. 2. ed. São Paulo: Paulus, 2006.

SCHLEGEL, Jean-Louis. Retour du religieux et christianisme: quand de vieilles croyances redeviennent nouvelles. *Études*, v. 362, 1985, p. 92.

TEIXEIRA, Faustino Couto. A experiência de Deus nas religiões. *Numen*, v. 3, n. 1, jan./jun. 2000a, p. 111-148.

TEIXEIRA, Faustino Couto. O sagrado em novos itinerários. *Vida Pastoral*, v. 41, n. 212, mai./jun. 2000b, p. 17-22.

TEIXEIRA, Faustino. *Teologia das religiões*: uma visão panorâmica. São Paulo: Paulinas, 1995.

HOLUB, Jhou. Desigrejados – 2024. *Cheios do Espírito*, 17 fev. 2024. Disponível em: https://www.cheiosdoespirito.com/post/desigrejados-2024. Acesso em: 21 mar. 2025.

BERGER, Edward. *Conclave* (Filme). Estreia 23 jan. 2025 (Brasil), 2024. Disponível em: https://filmow.com/. Acesso em: 21 mar. 2025.

COSTA, Ranieri. O que são os desigrejados. *UOL Notícias*, 29 out. 2024. Disponível em: https://noticias.uol.com.br/cotidiano/ultimas-noticias/2024/10/29/o-que-sao-os-desigrejados.htm. Acesso em: 21 mar. 2025.

# 2. Prospectivas abertas pelo pontificado do Papa Francisco

DOM JOAQUIM GIOVANI MOL GUIMARÃES[1]

## Introdução

Apontar prospectivas para a Igreja é uma tarefa que promete alvíssaras. As prospectivas serão tão mais importantes quanto mais se toma consciência de que a Igreja ainda está ultrapassando a era da cristandade e já está atravessando o "inverno eclesial", o que ajuda a identificar o fato de que haja católicos saudosos da cristandade e agressivamente atuantes para instalar uma neocristandade; que haja católicos encapotados, fechados no obscurantismo mental e no frio de grandes salas em prédios antigos ou moderníssimos, lugares de centralização e concentração de poder, ou mesmo, inusitadamente, em sacristias de igrejas e em comunidades pobres, capturadas e dominadas pelo clericalismo, para resistirem à luz, ao vento, ao sol de uma Igreja de janelas e portas abertas. O pontificado do Papa Francisco segue incansavelmente atualizando fortemente muitos ensinamentos da Igreja e reformando-a com vigor.

## 1. "Não estamos mais na cristandade, não mais!"

Em 2007, o Cardeal Carlo Maria Martini e o Pe. Georg Sporschill, ambos jesuítas, dialogavam à noite, em Jerusalém, sobre o caminho

---

[1] Bispo coadjutor da Diocese de Santos, SP; mestrado em Teologia pela Faculdade Jesuíta; teólogo-pastoralista; membro do Observatório Eclesial Brasil, do Observatório da Comunicação Religiosa no Brasil e do Núcleo de Estudos em Comunicação e Teologia, NECT; servidor da Pastoral Nacional do Povo da Rua pela CNBB. E-mail: 001jmol@gmail.com

da fé em tempos de incertezas. O primeiro, biblista e teólogo de 24 quilates, deixará, aos 75 anos, a missão no arcebispado de Milão, que também foi servido por Ambrósio, no século IV; o segundo, padre austríaco, pastoralista, que fez um fabuloso trabalho com meninos de rua na Romênia e Moldávia. Amigos. Essas conversas se tornaram o livro de alta densidade espiritual: *Diálogos noturnos em Jerusalém* (Martini, 2008). Nele o Cardeal Martini revela que atuou por uma Igreja com ousadia. Ao ser perguntado o que Jesus faria se vivesse hoje, respondeu:

> Creio que procuraria despertar os jovens para ganhá-los para sua causa, para que, com Ele, transformassem o mundo. Transformar o mundo significa: fazer com que as pessoas deixem de ter medo, controlem as agressões, superem as injustiças entre ricos e pobres [...]. Para isso Jesus escolheria as pessoas mais fortes, e estas são primeiramente os jovens. Como no seu tempo, Jesus transformaria pessoas jovens em apóstolos. Apóstolo significa fica "enviado": pessoas ativas, autoconscientes, abertas, que partilham a vida com Ele (Martini, 2008, p. 35-36).

O Cardeal Carlo Martini foi um prospector do que hoje, em parte, está acontecendo na Igreja *cum Petro* e *sub Petrum, Franciscus Episcopus servus servorum Dei*, o Papa Francisco, que dirige a Igreja, coordenando-a com muita ousadia, certamente aquela que o cardeal queria ver em prática. Ele morreu no dia 31 de agosto de 2012, aos 85 anos, mas deixou gravada sua última entrevista, que foi publicada no dia seguinte, 1º de setembro de 2012. Perguntado sobre como ele via a Igreja hoje, ele respondeu:

> A Igreja está cansada na Europa do bem-estar e na América.[2] A nossa cultura envelheceu, as nossas igrejas são grandes, as nossas casas religiosas estão vazias, e o aparato burocrático da Igreja aumenta, os nossos ritos e os nossos hábitos são pomposos. Essas coisas expressam o que nós somos

---

[2] "América do Norte" significa sobretudo os Estados Unidos, porque é fato que as Américas são várias, que juntas formam a América; é necessário que a palavra "América" não seja atribuída apenas aos Estados Unidos.

## 2. Prospectivas abertas pelo pontificado do Papa Francisco

hoje [...]. A Igreja ficou duzentos anos para trás. Como é possível que ela não se sacuda? Temos medo? Medo ao invés de coragem? No entanto, a fé é o fundamento da Igreja. Amar a Igreja é fazê-la arder (Martini, 2025).

Compensar o atraso da Igreja tornou-se um objetivo estruturante da atuação do Papa Francisco para o presente e para o futuro. Por isso ele insiste na prática da reforma, de mudanças substanciais, associadas à mudança de mentalidade, para evitar o espírito de *Il Gattopardo* (Lampedusa, 2013), que afirma a necessidade de mudar tudo, para que tudo fique na mesma (Francisco, 2025).

O Papa Francisco, ancorado no Concílio Ecumênico Vaticano II (de outubro de 1962 a dezembro de 1965), afirma, imperativamente, que "a Igreja deve[3] se abrir para as mudanças porque não estamos mais em regime de cristandade [...], é preciso deixar-se questionar pelos desafios do tempo presente" (Francisco, 2025). Não se trata, portanto, de uma escolha, porque a opção "não mudar e continuar tudo como está" não mais existe – ainda que alguns insistam nisso –, porque muito do que hoje permanece não mais responde às buscas do ser humano contemporâneo, e uma Igreja que não interage com as questões de hoje, com os homens e mulheres que vivem neste tempo, certamente não é a Igreja de Jesus Cristo; não cabe aos operadores da Igreja escolher que ela seja esvaziada de sentido ou se transforme numa organização institucionalizada a tal ponto de petrificar-se, por ter perdido sua significância para as pessoas e ter perdido sua relevância para as mais diversas sociedades.

Ele repete porque sabe o que está falando: "Não estamos mais na cristandade, não mais!" (Francisco, 2025). Há uma pluralidade de propostas para conferir sentidos à vida, há incontáveis instituições religiosas a oferecer o seu sentido; hoje já não somos mais os únicos que produzem cultura, nem os primeiros, nem os mais ouvidos, nem o seremos mais no futuro. A cristandade terminou, mesmo que alguns

---

[3] Grifo meu, para sublinhar a força com que Papa Francisco insiste em mudanças profundas, na raiz, que precisam acontecer porque a cristandade acabou e porque a Igreja *semper reformanda est.*

insistam, amarga e desnorteadamente, em reavivá-la, como se tenta reanimar um defunto em putrefação, porque a fé cristã, católica, já não se configura como um pressuposto evidente da vida das pessoas. Ao contrário, em muitos lugares e situações concretas, visíveis ou dissimuladas, a fé é expurgada, negada, ridicularizada, combatida, marginalizada por várias razões, mas também porque ela foi a base da cristandade não mais desejada nem oportuna (Francisco, 2025). Incensar o passado, definitivamente, não é a atitude que se espera da Igreja em época alguma.

Para o Papa Francisco está claro que fazer a opção pela Igreja fiel ao Evangelho e não pelo regime de cristandade, que por seu caráter impositivo apresentou-se como regime de exceção, neste mundo tão pluralista, não é aderir ao que se poderia chamar de pastoral relativista. Pois é neste contexto plural que o anúncio do Verbo Encarnado, quenotizado, e do sempre novo Reino de Deus deve brilhar e encontrar morada nos corações das pessoas, que por isso formam comunidades.

Os movimentos de renovação da Igreja no imediato tempo anterior ao Concílio, com coragem e uma boa dose de esperança, começaram a elaborar e realizar reformas pontuais, tais como as do campo da liturgia, das relações da Igreja com o mundo, da Bíblia e da catequese, da teologia, da espiritualidade, do diálogo ecumênico e inter-religioso, dos ministérios. Um processo desencadeador do Concílio. A realização do Concílio, em si, é o maior agradecimento da Igreja a esses movimentos de *aggiornamento*, que a potencializaram para o Pentecostes que foi o Concílio, abrindo janelas para a saída de vários tipos de mofos e para a entrada de novos ares e novas luzes; e portas, para saírem pessoas e entrarem pessoas, como que renovando os recursos humanos eclesiais.

O Concílio redesenhou completamente a Igreja, para que ela fosse a Igreja contemporânea, mais fiel ao Evangelho, centrada em Jesus Cristo, servidora, inovadora e ao mesmo tempo guardiã da Tradição. No entanto, nos últimos anos da década de 1970 até o início da década de 2010, a Igreja pôs em convivência tensionada

## 2. Prospectivas abertas pelo pontificado do Papa Francisco

os que faziam do Concílio um ponto de partida, abrindo horizontes e caminhando à frente, e os que faziam do Concílio um ponto de chegada ou uma realidade que precisava ser matizada, esclarecida, corrigida e até mesmo retida, não raras as vezes com a violência de advertências, imposição de silêncios, retirada de cátedras, demarcação de espaços, preferência pela posição defensiva de si mesma ou pela posição de uma pretendida neutralidade, que acabava por confirmar o *status quo* em muitos países descomprometidos com a pessoa *Imago Dei*. Esse longo período de cerca de trinta e cinco anos é lembrado como "inverno eclesial".

### 1.1 Uma Igreja mais reduzida e mais fiel

Se consideramos o rigor do pensamento, sob o ponto de vista teológico e pastoral, alguns estudiosos da situação da Igreja concordam que o catolicismo e o cristianismo, no decorrer da história recente, têm perdido forças, incidências, pessoas, relevâncias, significados, especialmente até 2013, quando houve uma inflexão com o pontificado do Papa Francisco. E isso pede uma reação assertiva no sentido de tornar mais evidente o que é mesmo a missão do cristianismo e da Igreja no mundo, como uma síntese entre a afirmação da transcendência, para a qual ela caminha, e a afirmação da imanência, na qual ela se concretiza.

Não são poucos os que têm discutido esse assunto, há anos, com o intuito, exatamente, de alargar o caminho presente da Igreja e prospectar o caminho futuro dela mesma. Karl Rahner, teólogo jesuíta, sob as últimas luzes do Concílio, em 1965, pronunciou-se sobre o cristão do futuro, afirmando que a Igreja será pequena, os cristãos poucos e que nenhuma nação será "nação católica":

> Por toda parte os homens serão cristãos apenas por causa de seu ato de fé obtido numa luta difícil e continuamente conseguido de novo. Por toda parte será diáspora e a diáspora será por toda parte [...]. E, visto que os cristãos formarão apenas uma minoria relativamente pequena, sem campo de existência histórica independente, eles, embora em graus variados,

viverão na "diáspora dos gentios" [...]. Os cristãos serão o pequeno rebanho do Evangelho, talvez respeitado, talvez perseguido, talvez dando testemunho da santa mensagem do seu Senhor, com voz clara e respeitada no coro polifônico ou cacofônico do pluralismo ideológico, talvez apenas em uma voz baixa, de coração para coração [...]. Eles saberão que são como irmãos e irmãs um do outro, porque haverá poucos deles que decidiram fixar o próprio coração e vida em Jesus, o Cristo, pois não haverá vantagem terrena em ser cristão [...]. Mas essa Igreja tem sido conduzida pelo Senhor da história para uma nova época [...]. A Igreja será um pequeno rebanho de irmãos da mesma fé, da mesma esperança e do mesmo amor [...]. Esse futuro cristão viverá como um membro do pequeno rebanho em um mundo imensuravelmente vasto de não cristãos (Rahner, 1965, p. 75-77).

O teólogo Joseph Ratzinger, no início dos anos 1970, pronunciou algumas conferências sobre o futuro não distante da Igreja, de forma contundente:

Da crise de hoje, também desta vez, nascerá amanhã uma Igreja que terá perdido muito. Tornar-se-á mais reduzida, terá em larga medida de recomeçar tudo de novo. Essa Igreja não vai poder encher muitos dos edifícios que construiu quando a conjuntura era favorável. Com perda do número de seguidores, perderá também muitos dos seus privilégios na sociedade. Terá de se apresentar de modo muito mais forte do que até aqui, como uma comunidade de voluntariado, a que só se pode aceder por decisão [...]. Vai exigir mais dos seus membros [...]; vai conhecer novas formas e ministérios, ordenará cristãos [...] mesmo que exerçam uma profissão [...]. A Igreja encontrará aquilo que lhe é essencial [...] no que foi sempre o seu centro: a fé no Deus uno e trino [...]. Será uma Igreja interiorizada, que não reclamará o seu mandato político e não cortejará nem à esquerda, nem à direita. Não terá uma vida fácil [...]. O processo de cristalização e clarificação [...] torná-la-á pobre e fará dela uma Igreja dos pequeninos [...]. O processo será longo e penoso (Ratzinger, 2008, p. 107-110).

Na mesma perspectiva, Valfredo Tepe, bispo franciscano de grande envergadura teológica e pastoral, escreveu o seu *Pequeno rebanho, grande sinal: Igreja hoje* (Tepe, 2000) num formato orante. Segundo ele, é real a alegria de sermos Igreja na perspectiva de um pequeno

## 2. Prospectivas abertas pelo pontificado do Papa Francisco

rebanho, como aquele do início do cristianismo e como hoje, com a tarefa de viver de tal modo o Evangelho a ponto de se tornar um grande sinal de Jesus Cristo e do Reino de Deus. Anos depois do Vaticano II, escrever esse livro reavivou em Dom Tepe a sua alegria conciliar, que na realidade já apontava para o pequeno rebanho, com o desejo de ser grande sinal. Há uma conexão clara da pequenez que a Igreja deve ser, com a grandeza da missão de ser sinal. À *kénosis* de Jesus deve corresponder a *kénosis* da Igreja, único caminho para cultivar a autenticidade da Igreja:

> Os Padres Gregos chamam Jesus de *auto basileia tou theou*, o Reino de Deus em pessoa. A pessoa de Jesus pobre, despojada de toda grandeza humana, estava presente no mundo, no meio dos judeus, como início do Reino. Jesus veio para anunciar e iniciar o perfeito Reino de Deus (Lc 4,43), a realização consumada da promessa de salvação [...]. A Igreja é chamada a seguir a "pastoral" do supremo Pastor: atrair e não ofuscar. "Vós sois a luz do mundo" (Mt 5,4), mas Jesus não quer a autocontemplação da Igreja, impondo-se por sua grandeza, sendo aplaudida ou temida pelos homens. Quer que a luz da Igreja brilhe diante dos homens como "luz baixa". A pequenez da Igreja é realçada por outra comparação de Jesus: "Vós sois o sal da terra" (Mt 5,14). O sal desaparece diante da grandeza da terra (Tepe, 2000, p. 53-57).

"O cristianismo ainda não existe", é o que afirma Dominique Collin, na capa do seu livro, um dominicano de boa formação, que tem a arte de ser provocativo para fazer pensar. Assim como Søren Kierkegaard (1813-1855), quando fala que "há cristianismo sem Evangelho", ele explica que os cristãos não se perguntam se ainda são fiéis ao Evangelho, porque são alienados pelo cristianismo histórico e cultural, pela cristandade. Já Charles Péguy (1873-1914) percebeu que cristãos se tornaram "incristãos" (Valente, 2025), mais do que pós-cristãos, na pós-cristandade, porque se situam completamente fora do cristianismo. Que prospecção se pode fazer neste quadro? Collin sugere, com parrésia, um cristianismo que saiba falar francamente a cada pessoa, com cada pessoa, para convidá-la, finalmente, a existir como cristã, fiel ao Evangelho. Com esse horizonte ele dialoga com Kierkegaard,

129

que julgava que um cristianismo sem evangelho é um simulacro, inventado pelos próprios cristãos, para não terem de conformar sua vida à Palavra de Cristo [...]. Ele estava convencido de que um cristianismo "de domingo", superficial e leve, não condiz com a significação original do cristianismo. O cristianismo parece cada vez mais condenado a ocupar apenas uma zona marginal da sociedade. Por certo os cristãos não incomodam, mas já não são levados a sério [...]. Pode parecer que o cristianismo futuro seja bem mais promissor do que todas as nossas projeções de um futuro bastante desesperador (Collin, 2022, p. 10-11).

A palavra "entardecer" sugere a proximidade da noite, o distanciamento do dia e, metaforicamente, sugere extinção, encerramento, morte. O título da obra de Tomás Halík *O entardecer do cristianismo* está na mesma perspectiva de um encolhimento da qualidade do cristianismo, além da sua diminuição acentuada de cristãos no velho mundo e nas Américas, compensada por uma pequena folga pelo crescimento numérico de cristãos nos países não ocidentais. Contudo, ele mesmo explicita o objetivo do entardecer do cristianismo: "A coragem de mudar". Suas últimas palavras são de esperança, pois o anoitecer lembra que um novo dia começa à noite, mas não se pode perder o momento em que a primeira estrela aparece no céu da noite. Essa estrela não será o pontificado de Francisco e tudo o que ele encerra?

Entre o entardecer e o amanhecer do cristianismo, um paradoxo é constatado facilmente:

O Papa Francisco é um pastor convincente, uma autoridade moral global indiscutível, que é respeitada e amada muito além da Igreja, contudo, está sujeito a mais ataques e dissensões abertas dentro da Igreja do que qualquer outro papa da história moderna. Os próprios católicos que sempre juraram lealdade incondicional à autoridade do papa estão agora assumindo uma posição agressiva contra um papa, que não se conforma com suas preferências e não interpreta seus pontos de vista (Halík, 2022, p. 100).

José Maria Castillo, com o intuito de propor o Evangelho como um estilo de vida, uma forma de viver, priorizando a relação com

Deus revelada por Jesus Cristo, faz a crítica da religião que se tornou preponderante, em detrimento à vivência do Evangelho (Castillo, 2023). O caminho será recuperar a centralidade de Jesus no cristianismo e na Igreja, e para isso será necessário "voltar a Jesus" (Pagola, 2015) e "recuperar o projeto de Jesus" (Pagola, 2016a) como insiste, convictamente, José Antonio Pagola, teólogo, biblista e pastoralista de grande autoridade, que trabalha para que os crentes saibam que "é bom crer em Jesus" (Pagola, 2016b).

Dom Helder Câmara cunhou a expressão "minorias abraâmicas", com fundo bíblico, e esclareceu: não é mera questão de quantidade, mas sobretudo de qualidade. As minorias abraâmicas existem, sempre existiram e existirão na Igreja, pois elas representam aquela pequena porção do Povo de Deus que prima pela fidelidade ao Evangelho, como modo de vida.

## 2. Prospectivas abertas pelo pontificado do Papa Francisco

Neste tópico, o Papa Francisco é apresentado como um reformador que atualiza os ensinamentos do Concílio Vaticano II e prospecta o futuro da Igreja e do cristianismo. Seu pontificado combina a atualização imediata com ações orientadas para as necessidades da Igreja no futuro. Ele busca recuperar, reconstruir e impulsionar a Igreja, assim como inovar e progredir, enfrentando apoio e resistência.

Francisco se apoia na Palavra de Deus, destacando a centralidade de Jesus Cristo e o Reino de Deus. Ele articula as marcas do Vaticano II, como a encarnação da Palavra divina, a salvação dentro da vida histórica e o mistério revelado por Jesus.

Ele considera as quatro Constituições do Concílio – *Dei Verbum*, *Sacrosanctum Concilium, Lumen gentium* e *Gaudium et spes* – pilares de seu governo. Por exemplo, promove a Bíblia como fundamental para o Povo de Deus, renova a liturgia com maior participação dos fiéis, define a Igreja como "Povo de Deus" em constante missão e enfatiza a dimensão social da evangelização.

O Papa Francisco instituiu iniciativas como os *Cadernos do Concílio* e o Domingo da Palavra de Deus, reforçando a ligação entre o Concílio e a renovação pastoral, com vistas ao Jubileu de 2025. Ele resgata o compromisso comunitário e missionário, promovendo a inclusão social e o bem comum.

A seguir veremos que, ao contemporaneizar o Concílio, ele impulsiona a Igreja a enfrentar desafios presentes e futuros, enquanto reafirma sua missão de amor pela humanidade e por Deus.

### 2.1 Francisco como atualizador do Vaticano II: verdadeira prospecção da Igreja

O pontificado do Papa Francisco, pelo conjunto da obra, e por ele mesmo, o próprio Francisco, pode ser mais bem definido se compreendido como atualizador do Concílio Ecumênico Vaticano II e prospector da Igreja e do cristianismo. O Papa Francisco é um reformador porque assumiu a missão de atualizar o Concílio Vaticano II e prospectar a Igreja para hoje e para amanhã. O que ele deseja para a Igreja amanhã (prospectivas) é o que ele deseja ver iniciado ainda hoje (atualizações). Seu papel de atualizador e prospector ora se apreende como melhorar (recuperar), remodelar (reconstruir), incrementar (impulsionar); ora como avançar (mover para frente), inovar (mudar), progredir (desenvolver); tudo somado, o sentido primeiro e o segundo entre parênteses, caracteriza essa reforma da Igreja como nunca vista, algo fortemente envolvente e em alguns aspectos inusitado, o que explica o entusiasmo de uns (abertos ao novo) e a resistência de outros (fechados no velho).

A principal base de sustentação para as iniciativas e ações do Papa Francisco é a Palavra de Deus, destacadamente a pessoa de Jesus Cristo e o seu anúncio do Reino de Deus. Ele sempre articula com maestria três marcas do Vaticano II, de inspiração bíblica, amarrando assim o que não pode ficar desatado:

a) a encarnação da "Palavra que se fez carne e veio morar entre nós" (Jo 1,14), para salvar o mundo a partir de dentro e de baixo;

b) o entendimento de que o espaço da salvação é a vida histórica, que inclui todo ser vivente e toda a vida socioambiental;

c) sempre a partir de Jesus de Nazaré, o ungido, que, com sua vida, revela-nos Deus e o ser humano ao mesmo tempo.

Francisco considera as quatro Constituições do Vaticano II como quatro colunas da Igreja e, por conseguinte, de seu programa de governo, o que transparece na Exortação Apostólica *Evangelii gaudium* (EG, 25), como veremos abaixo.

O Papa Francisco encomendou a especialistas os *Cadernos do Concílio*: trinta e quatro pequenos volumes, com linguagem acessível, sobre as quatro Constituições Dogmáticas do Vaticano II, dirigidos a todos os cristãos, em particular aos bispos, presbíteros, catequistas e famílias, para "fazer atual" o ensinamento dos Padres Conciliares, com vistas ao Jubileu de Esperança, de 2025. O Concílio rejuvenesceu a Igreja, e de novo ela pode apresentar-se ao mundo com sua mensagem para todos agora e sempre, porque o futuro foi iluminado pela profundidade e intensidade do magistério conciliar; a beleza desse ensinamento, que instiga a fé dos cristãos e os chama a assumir e contribuir mais para o crescimento de toda a humanidade.

Por isso, retomar o Concílio é sinal da vivacidade e da fecundidade da Igreja. Tornar próprios os ensinamentos do Vaticano II é, necessariamente, o caminho para a renovação das comunidades e o empenho de conversão pastoral. Lembrando Paulo VI, Francisco reafirma que "a Igreja vive, a Igreja pensa, a Igreja cresce, a Igreja continua a edificar-se e a Igreja vem de Cristo e vai para Cristo" (Guerriero, 2023, p. 7-8).

A Constituição *Dei Verbum* (DV) garante a centralidade da Palavra de Deus como fundamento da revelação cristã. Francisco a tomou como inspiração para seu ensinamento sobre o anúncio do Evangelho na *Evangelii gaudium* (EG, 110-175), para deixar claro que, depois do querigma, é necessária uma evangelização de aprofundamento bíblico-catequético. Por isso, todo o Povo de Deus tem de se assumir anunciador do Evangelho, ter intimidade com a Bíblia e dela se apropriar espiritual e pastoralmente, porque a Bíblia é o livro do Povo de Deus e não de poucos privilegiados. Nessa perspectiva, o Papa Francisco instituiu o terceiro domingo do tempo comum, como Domingo da Palavra de Deus, pela Carta Apostólica, como Moto-Próprio, *Aperuit illis* (Abriu-lhes o entendimento, Lc 24,45).

A Constituição *Sacrosanctum Concilium* (SC) garante a renovação litúrgica, expressão do serviço sacerdotal de todos os batizados. O Povo de Deus passa do patamar da assistência da celebração para o patamar em que "todos os fiéis devem ter participação plena, consciente e ativa, que a própria natureza da liturgia exige e à qual o povo cristão, 'raça escolhida, sacerdócio real, nação santa, povo adquirido' (1Pd 2,9), tem *direito* e *obrigação*,[4] por força do batismo" (SC, 14), pois no centro da liturgia cristã está o mistério pascal de Jesus Cristo. Papa Francisco a tomou por base para, na *Evangelii gaudium*, valorizar a liturgia reformada pelo Concílio, que passou a ser a liturgia da Igreja. A homilia deve ocupar os que a fazem com cuidadosa preparação tanto da parte bíblica quanto da consideração da realidade vivida pela comunidade (EG, 135-159).

A Constituição *Lumen gentium* (LG) garante a definição da Igreja como Povo de Deus a caminho da Jerusalém celeste. Elemento fundante da eclesiologia do Vaticano II, que provoca "o sabor de ser Povo de Deus", mas que necessita, ainda, ir à consciência de todos os batizados e à prática eclesial. Na *Evangelii gaudium*, Francisco aborda a "transformação missionária da Igreja" (EG, 19-43) e introduz o conceito teológico-pastoral de "Igreja em Saída", que exige a superação da malfazeja pastoral de conservação, que não permite chegar ao coração do Evangelho. Aborda também a crise do compromisso comunitário (EG, 50-108), para resgatar a importância conceitual e práxica da comunidade, parte integrante da ressurreição de Jesus, lugar por excelência da vivência da fé cristã e lugar para alimentar a consciência e o exercício de uma Igreja servidora, porque, por meio do Concílio, "a Igreja declarou-se escrava da humanidade e de modo simples e solene ensinou a amar o homem, primeiro fim, para amar

---

[4] Grifo nosso, por razão óbvia.

## 2. PROSPECTIVAS ABERTAS PELO PONTIFICADO DO PAPA FRANCISCO

a Deus, supremo fim transcendente" (Vaticano II, 1997, p. 671-672) e não mais deverá ser eclesiocêntrica.

Finalmente, a Constituição *Gaudium et spes* (GS) garante que a Igreja deve condividir "as alegrias e as esperanças, as tristezas e as angústias de toda a humanidade e sobretudo dos pobres e de todos aqueles que sofrem" (GS, 1). Com isso Papa Francisco elucida na *Evangelii gaudium* "a dimensão social da evangelização" (EG, 176-258), promovendo a inclusão social dos pobres, insistindo na prática do bem comum como principal resposta à necessidade da paz social, além de explicitar repercussões comunitárias e sociais do próprio querigma, de modo que todos percebam as motivações para um renovado impulso missionário eclesial (EG, 259-288).

São evidentes as iluminações do Concílio Vaticano II sobre o magistério de Francisco e como ele, passo a passo, vai "contemporaneizando" as orientações conciliares, já que ele considera o Concílio um ponto de partida que atualiza o presente e se lança ao futuro da Igreja.

### 2.2 Sete campos que abrem novas prospectivas

O magistério de Francisco destaca-se pela abertura de novas perspectivas em sete campos fundamentais. No âmbito da Doutrina Social da Igreja, o Papa convoca cristãos e pessoas de boa vontade a empreender transformações urgentes na sociedade e no planeta, baseando-se em valores como justiça, solidariedade e cuidado com a criação. Sua abordagem enfatiza um compromisso ético com as questões sociais e ambientais globais.

A opção preferencial pelos pobres, marca profunda deste pontificado, não apenas reafirma a tradição bíblica e cristológica, mas também renova seu vigor com novas expressões e conteúdos. Gestada em Medellín e consolidada em Puebla, essa opção assume caráter transformador e integra-se como pilar do cristianismo contemporâneo.

No campo da sinodalidade, o Papa propôs uma visão renovada para a Igreja, tornando-a um sinal do Reino de Deus. O sínodo "Por uma Igreja Sinodal: Comunhão, Participação, Missão" buscou alinhar todos os batizados à caminhada conjunta, reiterando a sinodalidade como essência intrínseca da Igreja. Esse esforço é reflexo de uma Igreja voltada à comunhão e à missão.

A educação e a vivência da fé recebem atenção especial. Catequese e liturgia são reconhecidas como ferramentas prospectivas para o futuro da Igreja, cultivando uma formação integrada e uma vivência profunda da fé.

A reforma da Cúria Romana, por meio da Constituição Apostólica *Praedicate Evangelium*, ressignificou suas funções em chave missionária e evangelizadora. Francisco desafiou carreirismo, clericalismo e abusos, promovendo uma visão de serviço genuíno à evangelização.

Na diplomacia, Francisco estabeleceu uma metáfora poderosa: "Hospital de campanha". Esse campo promove a resolução de conflitos, os direitos humanos e o multilateralismo, além de defender políticas econômicas justas e combater a cultura do desperdício e o tráfico humano, destacando a fraternidade como resposta às tensões mundiais.

Por fim, a comunicação emerge como campo estratégico e transversal. Embora possa ser um instrumento de alienação e desinformação, Francisco propõe seu uso como ferramenta de unidade e disseminação de valores edificantes. Assim, a comunicação se torna essencial em projetos humanos e sociais. A seguir, refletiremos sobre cada um desses campos.

### 2.2.1 Campo da Doutrina Social da Igreja

Nesse campo o magistério de Francisco abre grandes prospectivas para a Igreja, para o cristianismo em geral e para todas as pessoas e organizações de boa vontade, comprometidas com as necessárias e urgentes transformações na sociedade e no planeta. O Papa põe a Igreja a pensar e a atuar *ad extra*, por meio da ecologia integral, em tempo de aguda crise climática; por meio dos empobrecidos, para erradicar a perversidade de um "sistema social e econômico injusto na sua raiz" (EG, 59); por meio da Amazônia e tudo o que ela é,

## 2. Prospectivas abertas pelo pontificado do Papa Francisco

representa e por todos os sonhos que ela acalenta: social, cultural, ecológico e eclesial.

*a) "Laudato si'" e "Laudato Deum" prospectam a salvaguarda do planeta e de tudo o que vive*

Essas peculiares Encíclica *Laudato si'* e Exortação Apostólica *Laudate Deum* mexem com o mundo, animam pessoas, despertam a humanidade para o perigo a que todos estão submetidos, quando se submete ao perigo o planeta Terra, a casa comum, como se habituou a falar. O que até agora foi feito não se encerra no presente, mas abre caminhos para ações contínuas e variadas. Trata-se de "buscar a união da família humana na busca de um desenvolvimento sustentável, integral, pois sabemos que as coisas podem mudar" (LS, 13). A união de todos se deve ao fato de muitas vezes o desafio ambiental e suas raízes humanas, que impactam sobre tudo e sobre todos, acaba frustrado pela recusa dos que detêm o poder econômico e político e pelo desinteresse dos outros (LS, 13-14).

Tendo sido observado que avança a crise climática, oito anos depois da *Laudato si'*, em 2023, o Papa Francisco, com mais força, publica a *Laudate Deum*. Uma palavra dramática e contundente: "Por mais que se tente negá-los, escondê-los, dissimulá-los ou relativizá-los, os sinais de mudança climática se impõem a nós de forma cada vez mais evidente" (LD, 5) e violenta. Os fenômenos extremos, os gases de efeito estufa, os gemidos da terra, catástrofes, o aumento da temperatura global, o derretimento das calotas glaciares, o desequilíbrio global, cujas causas são "antrópicas" (humanas), pedem que se reforce a denúncia do crescente paradigma tecnocrático, passando a ideia dum crescimento infinito e ilimitado, que leva a humanidade a ter certeza de que nunca teve tanto poder e de que nada garante que tal poder será bem utilizado, dada a decadência ética do poder real, disfarçado pelo marketing e pelas falsas informações. Por isso, a fragilidade da política internacional, quase inanição, denuncia a "velha diplomacia", que exige um redesenho do multilateralismo como autoridade mundial.

Francisco faz compreender que à fé cristã é possível e necessário "defender um 'antropocentrismo situado', ou seja, reconhecer que a vida humana não pode ser compreendida nem sustentada sem as outras criaturas [...], formando uma espécie de família universal, uma comunhão sublime que nos impele a um respeito sagrado, amoroso e humilde" (LD, 66).

*b) "Fratelli tutti" prospecta a primazia da fraternidade e da amizade social*

Esse é o texto magno sobre a fraternidade e a amizade social, em forma de Encíclica, na qual Francisco faz prospecções importantes para, além de lamentar as sombras de um mundo fechado e dividido, pensar e gerar um mundo aberto e fraterno.

A humanidade enganou a si mesma, fazendo crer que o mundo tinha aprendido as melhores lições com as guerras e fracassos e que era chegada a hora de tecer relações, integrar. Há sinais de exaustão e regressão, como a retomada de conflitos anacrônicos, nacionalismos fechados, exacerbados, ressentidos e agressivos; sinais de que a economia global instrumentaliza conflitos locais e aposta no desinteresse pelo bem comum; de que parece findar a consciência histórica, que faz perder o sentido da história e surgir novas formas de colonização cultural; sinais como o descarte de deficientes, nascituros e idosos, que amargam dura solidão; como o nascimento de novas pobrezas e de vários tipos de aporofobias, mediante o aumento de riquezas, fora do desenvolvimento humano integral; como a constatação de que os direitos humanos não suficientemente universais, por não serem iguais para todos; até mesmo a ilusão da comunicação utilizada para consolidar redes de ódio, mentiras e destruições no cotidiano e em processos políticos.

Mas, tocado pelo envolvente relato do bom samaritano (Lc 10,25-37), que encontra o assaltado, abandonado pelo sacerdote e pelo levita, e cuida dele, Francisco propõe o desafio de construir outro mundo, aberto, fraterno, capaz de reconhecer o valor único do amor, base para a amizade social e a fraternidade.

2. Prospectivas abertas pelo pontificado do Papa Francisco

Tornam-se prospectivas relevantes a prática da melhor política, que é a política necessária, que desenvolve o amor político à sociedade, capaz de gerar atividades e atitudes e provocar o estabelecimento do diálogo e da amizade social, como caminho para superar o "mundo de sócios" e estabelecer o mundo de *fratelli, sorelle* e *amici tutti*.

*c) "Querida Amazônia" prospecta "amazonizar" corações e a Igreja*

O Papa Francisco escreveu sua Exortação Apostólica Pós-Sinodal *Querida Amazônia* apresentando seus quatro sonhos para a Amazônia, que abarcam muitas outras realidades, por amor ao mundo.

O "sonho social" revela que os povos indígenas não podem ser ignorados e o tempo todo acuados, sob a ameaça de roubo de suas terras por parte de poderosos gananciosos, tampouco pode prevalecer uma ideia de conservacionismo que implica a sujeição dos povos indígenas. Faz-se necessária uma indignação que venha a colocar a Igreja na escuta dos gritos dos povos amazônicos e no diálogo em busca de soluções. Amar é o verbo!

O "sonho cultural" instiga a Amazônia a tirar o melhor de si, com a ajuda própria dos jovens da região, para mostrar as raízes culturais e facilitar as relações interculturais. Valorizar é o Verbo! O "sonho ecológico" mostra o cuidado que o Senhor tem para com todos e por isso cada um precisa cuidar do meio ambiente. Os povos indígenas passam à condição de "escola" a ensinar a humanidade a importância da água, da biodiversidade. Cuidar é o verbo!

Por fim o "sonho eclesial", que não permite aos cristãos renunciar a proposta de fé, porque a autêntica opção preferencial pelos mais pobres e abandonados, ao mesmo tempo em que nos impele a libertá-los da miséria material e a defender os seus direitos, implica propor-lhes a amizade com o Senhor, que os promove e dignifica (QA, 63). Mas isso deve ser feito na complexa e radical tarefa da inculturação. Nesse âmbito ficam abertas as portas para a reflexão sobre novos ministérios, como, por exemplo, sobre os ministérios femininos (DF, 60).

*d) O compromisso dos leigos prospecta um laicato com cidadania eclesial*

A Pontifícia Comissão para a América Latina, por determinação de Francisco, publicou "O indispensável compromisso dos leigos na vida pública dos Países Latino-Americanos", tema escolhido por ele depois que, no Documento de Aparecida, se fez o reconhecimento da "notável ausência no âmbito político, comunicativo e universitário, de vozes e iniciativas de líderes católicos de forte personalidade e de vocação abnegada que sejam coerentes com suas convicções éticas e religiosas" (IC, 2016, p. 9).

Aquilo que se disse sobre os leigos da América Latina é aplicável aos leigos de todos os cantos do mundo, mesmo que a América Latina seja aquele continente em que a maioria é cristã e mesmo assim impera a injustiça, enquanto noutros lugares de maioria cristã não haja tamanha injustiça e noutros lugares em que também impera a injustiça, mas a maioria não é cristã. A convivência entre injustiças institucionalizadas e o cristianismo neste Continente é uma denúncia de que algo muito sério está errado e só pode ser corrigido numa confluência de forças, dentre elas, o indispensável compromisso de leigos e leigas cristãos na perspectiva de transformar as estruturas injustas.

Leigos e leigas, assim feitos pelo primeiro e fundamental sacramento, o do batismo, para que todos formem o Povo de Deus, "cuja identidade é a dignidade e a liberdade dos filhos de Deus, em cujos corações o Espírito Santo habita como num templo" (IC, 2016, p. 12-13), como reação ao clericalismo que leva à funcionalização do laicato, pois "não é o pastor que deve dizer ao leigo o que fazer e dizer, ele sabe tanto e melhor que nós. Não é o pastor que deve esclarecer o que os fiéis devem dizer nos diversos âmbitos" (IC, 2016, p. 15), porque "o leigo comprometido não é aquele que trabalha nas obras da Igreja e/ou nas realidades da paróquia ou da diocese; antes, ao contrário, ele é, por sua própria realidade e identidade, aquele que está imerso no coração da vida social, pública e política [...]; ele é protagonista da Igreja e do mundo; somos chamados a servi-los, não a servir-nos deles" (IC, 2016, p. 16-17).

## 2. Prospectivas abertas pelo pontificado do Papa Francisco

*e) Os encontros com os "poetas sociais" prospectam nova relação com a sociedade*

Por enquanto são quatro os Encontros Mundiais dos Movimentos Populares com o Papa Francisco, por convicção e iniciativa do próprio Papa. São Encontros para debater os mais graves problemas sociais que afetam o mundo inteiro e afligem os que os vivem na própria pele e que se organizam, em Movimentos Populares, para realizar as necessárias transformações, já que os seus direitos são sagrados. É bom esclarecer que, por Movimentos Populares, entende-se a organização dos pobres, das camadas populares da sociedade; diferentemente de Movimentos Sociais, que nem sempre são populares e podem até defender causas que não são populares, embora, muitas vezes os dois movimentos se entrecruzam e se ajudam mutuamente.

Os quatro pronunciamentos de Francisco nesses Encontros, elaborados não só a partir do tema de cada um, mas principalmente da escuta das pessoas que fazem acontecer esses Movimentos, podem ser considerados algo como uma "Encíclica Social dos Movimentos Populares", para alimentá-los e fortalecê-los como um canal de interlocução com a sociedade e como expressão do posicionamento tomado pela Igreja, que deve estar sempre deste lado, ao lado dos pobres, para o bem de todos.

O primeiro Encontro ocorreu em Roma, em outubro de 2014, quando cunharam, não um *slogan*, mas um objetivo: "Terra, casa e trabalho" para todos, num trinômio bem articulado e porque "exigi-lo não é estranho, é doutrina social da Igreja" (Francisco, 2014, p. 8).

O segundo Encontro foi realizado na Bolívia, em julho de 2015, onde decidiram, tendo uma visão global das desigualdades, como parte da "Terceira Guerra Mundial, aos pedaços" (Francisco, 2022), que é preciso repetir sempre: "Digamos sem medo: queremos uma mudança real, uma mudança de estruturas" (Francisco, 2015, p. 6-7). Nesse Encontro ele indicou, novamente, a missão da Igreja assim:

> Ver a Igreja com as portas abertas a todos vocês, que se envolvem, acompanham e conseguem sistematizar em cada diocese, em cada Comissão

de Justiça e Paz, uma colaboração real, permanente e comprometida com os movimentos populares. Convido a todos os bispos, sacerdotes e leigos, juntamente com as organizações sociais das periferias urbanas e rurais, a aprofundar o tema deste Encontro (Francisco, 2015b, p. 5).

O terceiro Encontro aconteceu em Roma, em novembro de 2016, com participantes de mais de sessenta países e contou com o ex-presidente do Uruguai, Pepe Mujica, comprometido com os Movimentos Populares. O Papa Francisco tratou do "terror e muros", para explicar o que é o terrorismo de base, que provém do controle global do dinheiro na terra, ameaçando o mundo inteiro, porque esse sistema é terrorista; falou sobre o "amor e pontes" e citou a passagem em que os discípulos de Jesus, estando com fome, comeram algumas espigas, tendo subjacente a destinação universal dos bens e a necessidade de um projeto-ponte de todos os povos.

Por fim, abordou a "falência e o resgate", a falência da humanidade estampada e denunciada nos olhos das crianças nos campos de refugiados, necessitando ser acolhidas e integradas plenamente, o que exige o exercício da política no seu mais alto grau de nobreza, mas exige também que não entre na política, na organização social ou nos movimentos populares todo aquele que é apegado às coisas materiais e ao luxo (citando o presidente Mujica). E que também não entre no seminário! (Francisco, 2016, p. 9-21).

O quarto Encontro se deu em Roma, em outubro de 2021, quando o Papa Francisco reafirmou que os membros dos Movimentos Populares precisam ser reconhecidos e chamados de "poetas sociais, porque tendes a capacidade e a coragem de criar esperança onde só aparecem o descarte e a exclusão. Poesia significa criatividade, e vós criais esperança. Com as vossas mãos sabeis como forjar a dignidade de cada pessoa, das famílias, e da sociedade como um todo, com terra, casa e trabalho, cuidados e comunidade" (Francisco, 2021, n. 1).

### 2.2.2 Campo da opção preferencial pelos pobres

Essa é uma marca inextinguível deste pontificado. A opção preferencial pelos pobres está firmada no alicerce bíblico, cristológico e

## 2. Prospectivas abertas pelo pontificado do Papa Francisco

foi explicitada no documento de Puebla, depois que fora gestada na Conferência de Medellín, "o pequeno concílio", de "criativa recepção" do grande Concílio Vaticano II. Todavia, a opção pelos pobres foi reapresentada não só com roupagem nova, mas com novo vigor, novos conteúdos, novas expressões.

É nesse âmbito que o Papa Francisco fala de uma Igreja pobre com e para os pobres (Francisco, 2021), em saída missionária, para as periferias existenciais, sociais, geográficas e socioambientais (EG, 20). Só uma Igreja fora de seus próprios muros tornará efetiva sua presença pública, por meio da aproximação das várias realidades de sofrimento e do diálogo para criar pontes. De muitas formas Francisco fala sobre a opção preferencial pelos pobres, fala, porém, de forma contundente quando toca a carne de pobres que encontra pelo caminho e afirma estar tocando a carne de Cristo. São muitos os seus gestos-pregações de encíclicas vivas:

> A sua carne [de Cristo] torna-se novamente visível como um corpo torturado, ferido, flagelado, desnutrido, em fuga [...] para ser reconhecido, tocado e cuidado por nós (*Misericordiae vultus*, 15). Tocar um pobre, cuidar de um pobre, é um "sacramental" na Igreja [...]. Misericórdia e compaixão, fraternidade e abertura, mão estendida e rejeição da cultura do descarte: é nesses gestos concretos de amor que a Igreja se torna um sinal vivo da ternura de Deus por todos os seus filhos [...]. Convido-vos a contemplar a Virgem Maria, imagem perfeita da Igreja, ela ilumina o vosso serviço aos mais pobres entre os pobres. Gosto de contemplar Nossa Senhora dos Desabrigados como a Virgem da Misericórdia, que abre os seus braços para acolher todos, porque todos têm um lugar ao lado de Maria, ao lado de Cristo (Francisco, 2025-2).

É na ótica dos pobres que faz sentido a "Economia de Francisco e Clara" e o "Pacto Educativo Global", instituídos pelo Papa Francisco com a missão de transformar o mundo da economia e fazer valer a força educativa a favor dos pobres.

Para materializar a ação permanente, de alta densidade espiritual, de cuidar dos pobres, na perspectiva de os socorrer assistencialmente e os promover, com a participação deles próprios, foi criado o "Dicastério para o Serviço do Desenvolvimento Humano Integral", que fundiu quatro Conselhos Pontifícios: o da Justiça e Paz, o da Pastoral dos Migrantes e Itinerantes, o *Cor Unum* da "caridade do Papa" e o da Pastoral da Saúde, desde agosto de 2016.

O novo Dicastério é chamado a expressar a solicitude da Igreja nos âmbitos da justiça, da paz, do cuidado da criação, da saúde e ao exercício da caridade cristã. Nesse organismo está incluída a missão contra o tráfico de pessoas, com orientações pastorais específicas na seção para os migrantes e refugiados, em busca de uma resposta global da Igreja, depois do marcante posicionamento do Papa Francisco às Nações Unidas, em 2015:

> Perante os males como tráfico de seres humanos, tráfico de órgãos e tecidos humanos, exploração sexual de meninos e meninas, trabalho escravo, incluindo a prostituição, não se pode responder apenas com compromissos solenemente assumidos, mas pela eficácia das instituições na luta contra esses flagelos (Francisco, 2020, p. 9).

Esse Dicastério para o Desenvolvimento Humano Integral e o Dicastério para a Evangelização vão à frente dos demais porque são inerentes à missão da Igreja no mundo.

### 2.2.3 Campo da sinodalidade como identidade da Igreja

A sinodalidade como elemento intrínseco à natureza da Igreja foi o aspecto mais profundo e decisivo tratado e garantido na XVI Assembleia Geral Ordinária do Sínodo dos Bispos, o sínodo que durou três anos, de 2021 a 2024, com a participação plena de bispos, leigos e leigas, presbíteros, consagrados e consagradas, e peritos, intitulado "Por uma Igreja Sinodal: Comunhão, Participação, Missão", com o objetivo de empenhar todos os esforços para tornar a Igreja não sinodal em Igreja sinodal, ou seja, para colocar todos os batizados caminhando juntos, na perspectiva do Reino de Deus, para que dela a Igreja seja um sinal.

## 2. Prospectivas abertas pelo pontificado do Papa Francisco

O sínodo apresentou diversos aspectos inovadores e, um mês após seu encerramento, em 24 de novembro de 2024, o Papa Francisco, diante dos conservadores que buscavam desqualificar e desautorizar seu processo, reafirmou sua importância. O sínodo abordou temas cruciais para a vida da Igreja e resultou na aprovação de um Documento Final, com a participação direta do Papa, em vez da publicação de uma Exortação Apostólica.

Para consolidar essa decisão, Francisco publicou uma "Nota de acompanhamento do Papa Francisco ao Documento Final da XVI Assembleia Geral Ordinária do Sínodo dos Bispos", confirmando a autenticidade do documento e ressaltando que ele faz parte do magistério ordinário do sucessor de Pedro (EC, art. 18, § 1; ClgC, n. 892). O Papa solicitou que esse documento fosse acolhido como tal (Francisco, 2025, p. 11-13).

Parece ser esse, por enquanto, o principal legado do pontificado do Papa Francisco, quando o assunto é a Igreja, expondo o nervo de sua eclesiologia para os tempos atuais: uma Igreja que assume a sua missão que implica ao mesmo tempo a participação dos batizados e a comunhão eclesial, em forma de comunidade. A sinodalidade, que já existiu no passado, possui alguns sinais no presente e se projeta para atuar firmemente no futuro não distante da Igreja.

O sinal de que a sinodalidade deve ser levada a sério, causando desconfortos e até críticas exacerbadas, por parte de membros da hierarquia desafeiçoados à Igreja sinodal, ao Concílio Vaticano II, ao magistério do Papa Francisco e à pessoa dele, é que a Secretaria Geral do Sínodo, por determinação de Francisco e por ele aprovado dia 11 de março de 2025, enquanto estava hospitalizado na Policlínica Gemelli, em Roma, tratando de complicações respiratórias, elaborou um plano de implementação das conclusões do Sínodo, além daquelas orientações que já constam no Documento Final, em obediência à *Episcopalis Communio*, Constituição Apostólica que regulamenta os Sínodos e já prevê a "fase de atuação" do Sínodo, sua recepção e aplicação.

A sinodalidade da Igreja deve ser, *ipso facto*, implementada, pois ela será acompanhada, de modo que, para as Igrejas locais e os grupos de Igreja, o compromisso de implementar as indicações do próprio Documento Final, por meio de processos de discernimento e decisão (Francisco, 2025), seja real, em forma de recepção do sínodo. Esse processo de implementação deve envolver presbíteros, diáconos, consagrados e leigos, por meio de "equipes sinodais", acompanhadas pelo bispo; sendo necessário, essas equipes devem ser renovadas, reativadas e adequadamente integradas. Essas equipes sinodais e organismos de participação terão a sua participação no Jubileu da Esperança em outubro de 2025.

Em meados de 2027, três anos depois do encerramento da sala sinodal, serão realizadas Assembleias de avaliação nas Dioceses, Conferências Episcopais nacionais e internacionais; as Assembleias Continentais se darão em meados de 2028. Em outubro desse mesmo ano, com a ajuda de um *Instrumentum Laboris*, será realizada a Assembleia Eclesial.

### 2.2.4 Campo da educação e vivência da fé, catequese e liturgia

Esse campo merece uma atenção específica, porque talvez seja o menos conhecido, a despeito de ser muito importante para o futuro da Igreja, portanto, eminentemente prospectivo. O que o Papa Francisco pensa e orienta sobre "a peculiar atividade formativa da Igreja que, no respeito pelas diversas faixas etárias dos fiéis, esforça-se por tornar o Evangelho de Jesus Cristo sempre atual, para que sirva de amparo a um testemunho coerente", está consignado no atual Diretório para a Catequese (Pontifício Conselho para a Promoção da Nova Evangelização, 2020, p. 13), aprovado por ele em março de 2020, para representar uma etapa ulterior na renovação dinâmica que a catequese está realizando, como processo de educação da fé, que busca a condição de adultos na fé para todos, numa verdadeira cidadania eclesial.

Desde o Vaticano II, passando pela *Evangelii nuntiandi* de Paulo VI e pela *Evangelii gaudium*, onde se afirma e reafirma a responsabilidade de todos na evangelização, porque a Igreja existe para isso, para tornar o Reino de Deus presente na vida das pessoas, nas

## 2. Prospectivas abertas pelo pontificado do Papa Francisco

comunidades e no mundo, o Diretório para a Catequese recorda: "Eu sou uma missão" (EG, 273). Por isso ele é corajosamente atual ao definir a catequese na missão evangelizadora da Igreja, ao definir todo o processo da catequese, ao colocar essa grave responsabilidade nas mãos das Igrejas locais, nas quais se vive a fé cristã em contextos de pluralismo e complexidade, contexto ecumênico e de pluralismo religioso e em contextos socioculturais, nos quais são contempladas as questões de ponta ligadas à ecologia integral, ao desenvolvimento tecnológico e informacional, à situação de desigualdade, guerra, indiferença, e à ética.

O valor emblemático de dois ministérios recentemente abordados, um para ser instituído, o Ministério de Catequista (Francisco, 2021), e outro para dar acesso a mulheres nos Ministérios de Leitorado e Acolitado (Francisco, 2021), já instituídos, revela, claramente, a necessidade e a urgência em avançar com novos ministérios, que coloquem mulheres e homens a serviço da comunidade eclesial e para dar testemunho de Jesus Cristo na sociedade.

No campo da educação da fé, encontram-se os grandes desafios referentes à família no mundo contemporâneo, expressos no belo hino à família, que é a *Amoris laetitia*, sobre o amor na família, especialmente quando Francisco, nessa Exortação Apostólica, depois de reconhecer que à família é confiada a tarefa de transmissão da fé, exatamente no capítulo VIII, ensina a "acompanhar, discernir e integrar a fragilidade [...], os seus filhos mais frágeis, marcados pelo amor ferido e extraviado, dando-lhes de novo confiança e esperança" (AL, 291).

É nesse Capítulo VIII que Francisco ensina sobre a gradualidade na pastoral, sobre o discernimento das situações chamadas "irregulares", sobre as circunstâncias atenuantes no discernimento pastoral, sobre as normas e o discernimento e, finalmente, sobre a lógica da misericórdia pastoral (Mol Guimarães, 2021, p. 43-72).

Na prospecção de uma Igreja mais aberta às necessidades das pessoas e rigorosamente atenta à Palavra de Deus e aos ensinamentos doutrinais eclesiais, mais uma vez se recorda que "a Igreja é o sacramento do amor infinito de Deus", na Declaração *Fiducia supplicans*: sobre o sentido pastoral das bênçãos, do Dicastério para a Doutrina da Fé, que contempla orientações sobre as "bênçãos de casais em situações irregulares e de casais do mesmo sexo".

No que diz respeito à liturgia, *pari passu* com a catequese, Francisco, determinadamente, faz valer a liturgia renovada pelo Concílio Vaticano II, na *Sacrosanctum Concilium*, que é a liturgia da Igreja, de toda a Igreja Romana. Ab-rogados os ritos anteriores ao Vaticano II, celebrar com e como celebra a Igreja significa celebrar conforme o Missal Romano, legitimamente promulgado, agora em sua terceira edição típica. Para isso fez publicar sua Carta Apostólica em Forma de Moto-Próprio chamada *Tradicionis custodes*.

Ouvi de um liturgista que o conservadorismo da Igreja está entrando pela porta da liturgia, onde se introduzem paramentos, gestos, língua, orações conservadoras e, também, tradicionalistas, como que esquecendo que a Tradição ininterrupta da Igreja, desde o Concílio Vaticano II, expressa-se na liturgia renovada, chamada de Paulo VI. Para além dessa questão, hoje sensível, está o desafio por vir da liturgia romana inculturada, com seus ritos e linguagens que venham a demonstrar a presença do Senhor em culturas diversas.

### 2.2.5 Campo da Cúria Romana e das cúrias das Igrejas locais

"Proclamai o Evangelho (Mc 16,15; Mt 10,7-8): é a tarefa que o Senhor Jesus confiou aos seus discípulos" (Francisco, 2022, p. 11), segundo a Constituição Apostólica *Praedicate Evangelium*, que reforma a Cúria Romana em chave evangelizadora e missionária. Parece ser esse um dos maiores desafios postos à Igreja, refletido no conclave que escolheu o Cardeal Jorge Mario Bergoglio para ser o Papa Francisco: fazer com que a Cúria Romana e, por analogia, as cúrias diocesanas fossem reformadas, numa proposta além de uma simples ressignificação, de modo a se compreenderem e praticarem sua missão a serviço da evangelização, contra todo carreirismo, clericalismo, episcopalismo, aburguesamento, privilégio, disputa pelo poder, dissimulação, enriquecimento, malversação e

## 2. Prospectivas abertas pelo pontificado do Papa Francisco

abusos de toda espécie. Tal reforma foi pautada no último conclave e está na pauta de Francisco, que já publicou a referida *Praedicate Evangelium* e trabalha arduamente para que ela seja aplicada, o que exige processos de conversão, além de realocação de operadores da cúria, de modo que todos estejam sintonizados, sinodalmente, com os mesmos objetivos.

Essa é uma prospecção que articula a Igreja pelo seu lado organizacional com a eclesiologia de comunhão, participação e missão. A passagem de Marcos 16,15, que dá o título à reforma, "Proclamai o Evangelho", fica engrandecida se lemos o que vem antes e o que vai depois desse núcleo, no mesmo versículo 15: antes, encontramos o mandato de Jesus: "Ide pelo mundo inteiro", para indicar uma Igreja que não mais espera que venham, mas que se coloque "em saída", que vá ao encontro das pessoas que vivem nas múltiplas periferias; depois, encontramos os destinatários da proclamação do Evangelho: "A toda criatura!", deixando claro a abrangência do anúncio da boa-nova, dirigido à criação inteira.

Da mesma forma, a Cúria Romana é mais bem esclarecida se toma por inteiro os versículos 7 e 8 do capítulo 10 de Mateus: "Por onde andares, proclamai: 'O Reino dos Céus está próximo!'. Curai enfermos, ressuscitai mortos, purificai leprosos, expulsai demônios. De graça recebestes; de graça, dai!". Pregar o Evangelho é proclamar o Reino dos Céus, o Reino de Deus, cujos sinais encontram-se em enfermos curados, mortos ressuscitados, leprosos purificados, demônios expulsos.

Não há como a cúria autoenganar-se quando o Papa Francisco promove a reforma curial: ela está no espírito da conversão missionária da Igreja, destinada a renovar a Igreja segundo a imagem da própria missão de amor de Cristo, ensinada na *Evangelii gaudium*. A reforma se insere no contexto da missionariedade da Igreja, que valoriza, também, o mistério eclesial da comunhão, a tal ponto que se pode dizer que a finalidade da missão é precisamente dar a conhecer e viver a todos a "nova" comunhão que no Filho de Deus feito homem entrou na história do mundo. A vida de comunhão doa à Igreja o rosto da sinodalidade, da escuta de uns aos outros, na qual todos se reconhecem como aprendizes.

De maneira prática, recordamos que a Cúria Romana está a serviço do Papa e não se coloca entre o Papa e os Bispos ou Conferências Episcopais, mas coloca-se a serviço de ambos, de acordo com a natureza de cada um. Tudo isso será transformado em realidade se nascer da paradigmática espiritualidade conciliar, de uma reforma interior, iluminada pela narrativa do Bom Samaritano, o que deixa claro que a reforma não objetiva a si mesma, mas ela deve ser um forte testemunho cristão de compromisso inarredável em promover uma evangelização eficaz; promover um espírito ecumênico mais fecundo; encorajar um diálogo mais construtivo com todos (PE, 2-4.8.11-12).

### 2.2.6 Campo da diplomacia da Igreja

O Papa Francisco conseguiu imprimir na diplomacia vaticana do mundo contemporâneo a metáfora do "hospital de campanha em meio a batalhas", conforme Gallagher, em quem me baseio (Gallagher, 2024): é uma diplomacia empenhada na resolução de conflitos; na defesa dos direitos humanos; na ajuda aos cerca de 120 milhões de migrantes; no cuidado da Casa Comum; na garantia da liberdade religiosa; no combate às ideologias da cultura do desperdício; no acesso à saúde; na defesa de políticas econômicas justas; no combate à chaga tóxica do tráfico de pessoas e de órgãos humanos; na condenação dos horrores da guerra, ao mesmo tempo em que promove a fraternidade e o multilateralismo. Dessa forma, a Igreja é parte integrante do debate sobre as tensões enfrentadas pela comunidade internacional e da busca de soluções para cada situação.

É uma diplomacia que prima por ser independente de alianças políticas e comprometida com o direito dos povos e com a tutela de cerca de 1,1 bilhão de pobres no mundo, exercendo aquilo que em diplomacia se chama *soft power* ("poder brando"), que lhe permite obter resultados que mesmo autoridades globais não conseguem auferir.

A diplomacia Vaticana está envolvida, atualmente, em relações com 184 países e com a maioria das instituições que fazem a governança

## 2. Prospectivas abertas pelo pontificado do Papa Francisco

global, com sua vocação, natureza, instrumentos e muito diálogo, sempre para construir pontes, usar ao máximo a paciência e humildade, na maioria das vezes, sem os holofotes, para desamarrar nós que mostram a aparência de impossibilidade, esforçando-se para articular os sinais mais tênues de boa vontade das partes em conflito, para que todos experimentem o início do processo de paz. Trata-se de uma diplomacia da misericórdia, fundada em um autêntico compromisso político de solidariedade para promover, sem abstrações, o bem comum.

É por isso que os diplomatas do Vaticano, sob as orientações do Papa Francisco, insistem, por exemplo, no cancelamento de dívidas externas; na promoção de políticas de cooperação, desenvolvimento e valorização da dignidade humana, mesmo quando em tela estão crimes graves como a pena de morte; na aplicação de políticas sociais; no empenho pela paz como fruto de relações justas, do respeito às normas internacionais e da proteção dos direitos humanos fundamentais, principalmente quando a barbárie chega ao nível humanitário; na defesa da inviolabilidade de toda pessoa e do direito à vida desde a concepção até a morte natural.

Porque a diplomacia papal deve ser uma esperança, mesmo quando o mundo se encontra em "Terceira Guerra Mundial em pedaços", o seu trabalho, que envolve Nunciaturas, Delegados Apostólicos e a Secretaria de Estado, faz do Papa Francisco o primeiro diplomata, sobretudo por causa do evidente impacto que o Papa Francisco tem no cenário internacional. De muitas formas, incluindo suas viagens a todos os cantos do globo, Francisco, incansavelmente, exerce sua autoridade moral e espiritual e confronta situações de injustiça, estende sua mão aos abandonados, adverte quem quer que seja, conta nocividades que põem em risco o mundo, o presente e o futuro da humanidade, desde as mais elementares até as mais sofisticadas como aquelas que decorrem do mau uso da inteligência artificial e das redes digitais do ódio e da violência.

O Papa Francisco, como primeiro diplomata, abre caminhos para a busca de soluções para os graves problemas da humanidade e ensina

## 2.2.7 Campo da comunicação

Por fim, poderíamos pensar numa prospecção para o campo da comunicação, elemento transversal e estratégico de todo projeto, de toda comunidade humana, de todas as instituições governamentais e não governamentais. A comunicação é transversal, mas pode ser ela o elemento atravessador, às avessas, e, ao invés de agregar, desagregar e colocar-se a serviço de projetos nefastos às pessoas, às sociedades e à humanidade, quando, por ilustração, disseminam o ódio, a violência, mas também quando alienam, usurpam, manipulam as consciências.

Recentemente foi publicado o livro com todas as Mensagens do Papa Francisco para o Dia Mundial das Comunicações Sociais, acompanhadas uma a uma, de um comentário reflexivo (Tullius, 2023), e o que se observa, com clareza, é que há um avanço na concepção, na reflexão, na profecia, no reconhecimento da comunicação e na crítica a ela feita, de modo pertinente. Nota-se, também que o Papa Francisco se dirige a toda a Igreja, à sociedade e aos que lidam com a comunicação.

Todavia, o Dicastério para a Comunicação, dirigido por um jornalista, leigo e secretariado por um padre, argentino, talvez não tenha conseguido, ainda, uma reverberação práxica do magistério do Papa Francisco para a comunicação, como a percebemos em vários discursos e, sobretudo, em suas mensagens para o Dia Mundial das Comunicações Sociais. Além de ver aplicados os ensinos, é desejável que as questões de fronteiras sejam assumidas com ousadia e muita sinodalidade.

Dois exemplos para melhor colocar a questão e deixá-la aberta. Enquanto a comunicação é expansiva e se retroalimenta de muitas fontes, exigindo abertura de horizontes, aquela praticada na Cúria Romana é demasiadamente institucional, ou seja, a comunicação se desenvolve ao redor da instituição e não escuta outras vozes. Há,

## 2. Prospectivas abertas pelo pontificado do Papa Francisco

inclusive, um espaço formativo em comunicação institucional que prepara pessoas com esse intuito.

O outro exemplo é a grave questão dos influenciadores digitais católicos, ou da fé, ou da religião, que repentinamente passam a ser chamados de "missionários digitais católicos", como tem feito o mencionado Dicastério. O complexo fenômeno dos influenciadores digitais católicos só agora está sendo estudado com mais profundidade, a partir de pesquisas quantitativas e qualitativas em confronto com o magistério pontifício para o campo da comunicação.

Há um Grupo de Estudo que nasceu, juntamente com outros dez, do Sínodo sobre a sinodalidade, que está dedicado a aprofundar o mundo digital e suas possíveis relações com a evangelização. O resultado desse estudo, capitaneado pelo Dicastério para a Comunicação, mas com a participação de outras pessoas, será entregue ao Papa Francisco para os devidos discernimentos que, esperamos, sejam assertivos nas orientações para os que atuam nesse campo e, quem sabe, abram boas perspectivas.

## Considerações finais

A nova evangelização é outra evangelização, situada na nova época que já estamos vivendo. As prospectivas abertas pelo pontificado de Francisco, essas e outras, demonstram uma sensibilidade aguda na compreensão da Igreja como servidora da humanidade, em sua missão primordial de evangelizar para tornar o Reino de Deus presente no mundo. É nesse sentido que a evangelização de hoje vai se tornando outra evangelização.

O pontificado de Francisco, nos campos citados, abre prospectivas, isto é, abre novas possibilidades, com novo espírito e novo vigor: o de uma Igreja em saída para as periferias. Precisamos passar por essas aberturas e trilhar caminhos que as levem a sério. Algo semelhante está sendo feito neste tempo pós-sinodal: instrumentos serão utilizados para animar permanentemente a prática da sinodalidade e a implementação das conclusões que figuram no Documento Final.

A celebração dos sessenta anos do Concílio Vaticano II é, sobretudo, atualizá-lo e renovar seu processo de recepção, com as orientações dadas pelo Papa Francisco, *servus servorum Dei.*

## Referências

CASTILLO, José M. *Declínio da religião e futuro do evangelho.* Petrópolis: Vozes, 2023.

COLLIN, Dominique. *O cristianismo ainda não existe*: entre projetos inexistentes e a prática do evangelho. Petrópolis: Vozes, 2022.

DICASTÉRIO PARA A DOUTRINA DA FÉ. *Declaração "Fiducia Suplicans"*: sobre o sentido pastoral das bênçãos. Brasília: CNBB, 2024.

DICASTÉRIO PARA A EVANGELIZAÇÃO. *Cadernos do Concílio.* Jubileu 2025: Peregrinos de Esperança. Brasília: CNBB, 2023. 34 volumes.

DOCUMENTOS DO CONCÍLIO ECUMÊNICO VATICANO II. São Paulo: Paulus, 1997.

FRANCISCO. *A Igreja precisa mudar de mentalidade, caso contrário corre o risco de ficar atrasada 200 anos.* Disponível em: https://www.ihu.unisinos.br/categorias/617244-papa-francisco-esta-se-baseando-no-vaticano-ii-para-mudar-radicalmente-a-igreja-catolica#:~:text=A%20implementa%C3%A7%C3%A3o%20do%20Vaticano%20II%20%C3%A9%20um,Bento%20XVI%20chamou%20de%20%E2%80%9Creforma%20da%20reforma%E2%80%9D. Acesso em: 25 jan. 2025.

FRANCISCO. *Amoris laetitia*: sobre o amor na família. Brasília: CNBB, 2016.

FRANCISCO. *Antiquum Ministerium.* Brasília: CNBB, 2021.

FRANCISCO. *Aperuit Illis*: institui o Domingo da Palavra de Deus. Brasília: CNBB, 2019.

FRANCISCO. *Discurso do Papa Francisco aos participantes do I Encontro Mundial dos Movimentos Populares.* Brasília: CNBB, 2015.

FRANCISCO. *Discurso do Papa Francisco aos participantes do III Encontro Mundial dos Movimentos Populares.* Brasília: CNBB, 2016.

FRANCISCO. *Discurso do Papa Francisco aos representantes pontifícios.* Disponível em: https://www.vatican.va/content/francesco/pt/speeches/2022/september/documents/20220908-rappresentanti-pontifici.html. Acesso em: 20 mar. 2025.

FRANCISCO. *Discurso do Papa Francisco no II Encontro Mundial dos Movimentos Populares.* Brasília: CNBB, 2015b.

## 2. PROSPECTIVAS ABERTAS PELO PONTIFICADO DO PAPA FRANCISCO

FRANCISCO. *É bom crer em Jesus*. Petrópolis: Vozes, 2016b.

FRANCISCO. *Episcopalis Communio*. Brasília: CNBB, 2018.

FRANCISCO. *Evangelii gaudium*: sobre o anúncio do Evangelho no mundo atual. São Paulo: Paulinas, 2013.

FRANCISCO. *Fratelli tutti*: sobre a fraternidade e a amizade social. Brasília: CNBB, 2020.

FRANCISCO. *Laudate Deum*: sobre a crise climática. Brasília: CNBB, 2023.

FRANCISCO. *Laudato si'*: sobre o cuidado da casa comum. Brasília: CNBB, 2023.

FRANCISCO. *Mensagem em vídeo (transcrita) do Papa Francisco para os Movimentos Populares*. Disponível em: https://www.vatican.va/content/francesco/pt/messages/pont-messages/202. Acesso em: 20 mar. 2025.

FRANCISCO. *Orientações pastorais sobre o tráfico de pessoas*. Brasília: CNBB, 2020.

FRANCISCO. *Papa aprova caminho de acompanhamento do Sínodo*. Disponível em: https://www.vaticannews.va/pt/vaticano/news/2025-03/papa-aprova-o-caminho-de-acompanhamento-do-sinodo.html. Acesso em: 30 mar. 2025.

FRANCISCO. *Por uma Igreja pobre com e para os pobres*. Disponível em: https://www.vaticannews.va/pt/papa/news/2021-04/papa-comunidade-chemin-neuf-franca.html. Acesso em: 20 mar. 2025.

FRANCISCO. *Por uma Igreja sinodal*: documento final. Brasília: CNBB, 2025.

FRANCISCO. *Praedicate Evangelium*: sobre a Cúria Romana e seu serviço à Igreja no mundo. Brasília: CNBB, 2022.

FRANCISCO. *Querida Amazônia*. Brasília: CNBB, 2020.

FRANCISCO. *Recuperar o projeto de Jesus*. São Paulo: Paulus, 2016a.

FRANCISCO. *Spiritus Domini*. Brasília: CNBB, 2021.

FRANCISCO. *Taditio custodes*: sobre o uso da liturgia romana anterior à reforma de 1970. Brasília: CNBB, 2021.

FRANCISCO. *Tocar um pobre, cuidar de um pobre*. Disponível em: https://www.osservatoreromano.va/pt/news/2024-11/por-046/tocar-e-ajudar-um-pobre-e-um-sacramental-na-igreja.html. Acesso em: 30 mar. 2025.

FRANCISCO; PONTIFÍCIA COMISSÃO PARA A AMÉRICA LATINA. *O indispensável compromisso dos leigos na vida pública dos Países latino-americanos*. Brasília: CNBB, 2016.

GALLAGHER, Paul Richard. *A diplomacia da Santa Sé é um "hospital de campo" em meio a batalhas*. Disponível em: https://www.vaticannews. va/pt/vaticano/news/2024-11/gallagher-a-diplomacia-da-santa-se-e--um-hospital-de-campanha.html#:~:text=Como%20%E2%80%9Cum%20 hospital%20de%20campo,mesmo%20as%20autoridades%20globais%20 mais. Acesso em: 31 mar. 2025.

GUERRIERO, Elio. *O Vaticano II*: história e significado para Igreja. Cadernos do Concílio. Brasília: CNBB, 2023.

HALÍK, Tomás. *O entardecer do cristianismo*: a coragem de mudar. Petrópolis: Vozes, 2022.

HOORNAERT, Eduardo. As "minorias abraâmicas" de Hélder Câmara. Disponível em: https://www.ihu.unisinos.br/categorias/639725-as--minorias-abraamicas-de-helder-camara-artigo-de-eduardo-hoornaert. Acesso em: 25 jan. 2025.

LAMPEDUSA, Giuseppe Tomasi. *Il Gattopardo*. Milano: Feltrinelli, 2013.

MARTINI, Cardeal Carlo M.; SPORSCHILL, Georg. *Diálogos noturnos em Jerusalém*: sobre o risco da fé. São Paulo: Paulus, 2008.

MARTINI, Cardeal Carlo Maria. A Igreja ficou 200 anos para trás. Por que temos medo? A última entrevista de Martini. Disponível em: https:// www.ihu.unisinos.br/categorias/172-noticias-2012/513075-a-igreja-re-trocedeu-200-anos-por-que-temos-medo-a-ultima-entrevista-de-martini. Acesso em: 19 jan. 2025.

MOL GUIMARÃES, Joaquim Giovani. Incompreensões em relação à *Amoris laetitia* ou afeição ao desamor? *In: Discernimento moral de benignidade pastoral*: para além das incompreensões e resistências à *Amoris laetitia*. São Paulo: Santuário, 2021.

PAGOLA, José Antonio. *É bom crer em Jesus*. Petrópolis: Editora Vozes, 2016b.

PAGOLA, José Antonio. *Recuperar o projeto de Jesus*. Petrópolis: Vozes, 2016a.

PAGOLA, José Antonio. *Voltar a Jesus*: para a renovação das paróquias e comunidades. Petrópolis: Vozes, 2015.

PONTIFÍCIO CONSELHO PARA A NOVA EVANGELIZAÇÃO. *Diretório para a catequese*. São Paulo: Paulus, 2020.

RAHNER, Karl. *O cristão do futuro*. São Paulo: Fonte Editorial, 1965.

RATZINGER, Joseph (Bento XVI). *Fé e futuro*. Lisboa: Princípia, 2008.

TEPE, Valfredo. *Pequeno rebanho, grande sinal*: Igreja hoje. São Paulo: Paulus, 2000.

TULLIUS, Marcus (org.). *Comunicar para humanizar*: a comunicação a partir do Papa Francisco. São Paulo: Paulus, 2023.

VALENTE, Gianni. *Francisco, Péguy e o espanto de Deus*. Disponível em: https://www.ihu.unisinos.br/categorias/186-noticias-2017/572166-francisco-peguy-e-o-espanto-de-deus. Acesso em: 28 jan. 2025.

# PARTE III

## Quarenta anos da Soter

# 1. Horizontes da memória que falam ao presente: a Soter aos quarenta anos

MARCIO FABRI DOS ANJOS[1]

## Introdução

A Soter, Sociedade de Teologia e Ciências da Religião, nasceu de um conjunto de relações cuja memória carrega os horizontes

---

[1] Doutor em Teologia (Pontifícia Universidade Gregoriana, Roma, Itália). Licenciado em Filosofia. Atual membro da Comissão de Bioética do IEP (Instituto de Ensino e Pesquisa) do HSL-Hospital Sírio-Libanês. Editor-assistente da *Revista Redbioetica Unesco*; e da Editora Ideias e Letras (S. Paulo); membro do conselho editorial da Revista Bioética (CFM – Conselho Federal de Medicina), da REB – Revista Eclesiástica Brasileira, e de Encontros Teológicos (Itesc – Instituto Teológico de Santa Catarina); Coordenador de pesquisa sobre Fundamentos Teóricos de Bioética; em interfaces entre Bioética e Religião; e em atividades profissionais; membro de grupo de pesquisa "Teologia Moral, Bioética e Sociedade" (PUC-PR); Professor Emérito pela PUC-SP (FTNS Assunção); docente e coordenador de Doutorado em Bioética (Centro Universitário São Camilo, São Paulo – 2006-2020); docente (diretor 1981-1987) do Instituto Teológico São Paulo (São Paulo, 1976-2020); coordenador e docente do Alfonsianum – Instituto de Teologia Moral (mestrado e doutorado – 1987-1997); professor-orientador de doutorado na Accademia Alfonsiana, da Pontificia Università Lateranense, Roma, Itália; Presidente da Soter-Sociedade de Teologia e Ciências da Religião (1991-1998); fundador e presidente da SBTM –Sociedade Brasileira de Teologia Moral (1980-1986); membro do Instituto Nacional de Pastoral, da CNBB – Conferência Nacional dos Bispos do Brasil; Secretário de Ameríndia – Asociación Latinoamericana y Caribea de Teología y Liberación (Chile, 1984-1999); cofundador da Sociedade Brasileira de Teologia Moral (1977); Vice-presidente de INSeCT – International Network of Societies on Catholic Theology (Tübingen 1992-2001); membro do GT do Conselho Nacional de Saúde, Ministério da Saúde, em elaboração de diretrizes nacionais sobre ética em pesquisas envolvendo seres humanos (1994-1996); membro de grupo internacional de pesquisa em Genetics, Theology and Ethics (Boston College/Porticus, 1996-2001); Secretário da Sociedade Brasileira de Bioética (2015-2017); Membro da Câmara de Bioética do Cremesp – Conselho Regional de Medicina do Estado de São Paulo (2004-2018). Professo emérito (PUC-SP); Presidente da Soter 1991-1998. E-mail: mfabri@terra.com.br

que atraíam e uniam pessoas em busca de reflexão teológica para responder aos desafios de seu tempo. As redes de relações mudam, e os desafios tomam outras conotações, mas os horizontes persistem apontando direções para onde caminhar. Aos quarenta anos de existência da Soter, a memória de seus horizontes fundacionais pode ajudar na construção de nosso presente e na projeção de seu dinamismo. Assim, junto com outros colegas que tomam outros enfoques, oferecemos aqui algumas memórias do processo de fundação da Soter e sua consolidação. Tendo feito isso mais vezes (Anjos, 2006, p. 477-491; 2015, v. 1, p. 238-248), não se escapa aqui de repetições, mas na busca de releitura pode-se ter o proveito de retomar a memória prospectiva de nossa sociedade.

## 1. Contextos provocativos

A Soter, com seu registro civil em 1985, nasce de fato em meio a contextos provocativos de Igreja e sociedade. Basta lembrar que desde o final do século XIX a teologia fermentava com a Igreja várias pulsões de renovação. O encontro do povo com a teologia e a aproximação do viver dos clérigos com a vida do povo logo se mostraram como um passo bem maior do que ir do latim para o vernáculo. Implicava uma questão hermenêutica do viver e do agir cristão no mundo em desenvolvimento. A renovação dos métodos da hermenêutica bíblica abriram um caminho fundamental para evidenciar o entrelaçamento da Palavra de Deus com as realidades vividas. Desencadeou com isso o anseio por uma renovação de métodos interpretativos em todas as áreas teológicas, concepções oracionais e litúrgicas, inclusive organizacionais da Igreja.

O Concílio Vaticano II (1962-1965), não sem tensões persistentes sobejamente conhecidas, veio trazer legitimidade a essa disrupção. O pós-Concílio continuou em dores de parto da renovação, como era previsível. Com a Conferência de Medellín (1968), a América Latina experimentou um incentivo particular nesse processo, mas ao mesmo tempo revelou a América Latina como uma seara propícia para trazer

# 1. Horizontes da memória que falam ao presente: a Soter aos quarenta anos

para as práticas sociais os frutos da disrupção hermenêutica desencadeada no seio da compreensão da fé. Duas obras, em 1971, são ícones dessa irrupção em nosso contexto: *As veias abertas da América Latina* (1979), de Eduardo Galeano, como leitura sociopolítica e antropológica; e, na leitura cristã na vida social, a *Teologia da Libertação* (1971), de Gustavo Gutierrez, amplamente difundida. De fato, não dava mais para ignorar as violências e desigualdades sociais que estimulavam a fé cristã, como Tomé, a pôr o dedo nas feridas do povo e aspirar uma transformação nos modos de entender, formular e praticar a fé cristã na vida em sociedade. Tocar nessas feridas implicou e implica sabidamente tropeçar em fortes interesses eclesiásticos e políticos, envolvendo inclusive instâncias políticas internacionais e eclesiásticas (Diel, 2018). Os próprios avanços conciliares sofriam com tendências que João Batista Libanio chamou de *Volta à grande disciplina* (1979). Note-se também que em 1985 o Brasil estava saindo de uma ditadura militar de vinte anos.

Esse contexto social efervescente está, portanto, nas raízes da fundação da Soter, pois foi sem dúvida o terreno movediço em que pensadores e pensadoras se empenharam de modo interdisciplinar na elaboração de um método adequado para refletir e propor caminhos com renovada hermenêutica. Para mencionar algumas organizações de apoio nesse sentido, vale lembrar em primeiro lugar o INP (Instituto Nacional de Pastoral), que vários anos manteve reuniões frequentes com um grupo interdisciplinar tratando de questões atuais e oferecendo subsídios à CNBB; igualmente a ERT/CRB (Equipe de Reflexão Teológica da Conferência dos Religiosos do Brasil) e grupos como os de Teologia Moral (atual Sociedade Brasileira de Teologia Moral) e de biblistas, várias faculdades teológicas entre as quais a dos jesuítas em Belo Horizonte-MG, hoje Faje, e a Faculdade de Teologia N. S. da Assunção, em São Paulo, formavam várias frentes de apoio à reflexão teológica.

Em âmbito internacional, a Revista Internacional de Teologia *Concilium*, criada em 1965, foi entre outros um estímulo significativo. E não se pode esquecer o apoio destemido de muitos bispos incentivando e participando abertamente desse esforço. A Conferência de Puebla (1979) trouxera um estímulo aos bispos a tomarem maior consciência sobre os desafios às práticas da fé na realidade social. E estimulou, mesmo em meio a tensões, maior intensidade no diálogo entre teólogos dos diferentes países na América Latina e Caribe.

A Ata da Fundação da Soter, entre vários componentes, situa os teólogos "inseridos no esforço da comunidade eclesial em suas múltiplas pastorais em que transparecem a fé e a esperança nas quais bebemos para o nosso trabalho teológico [...], nas lutas pela justiça e por uma sociedade mais igualitária, justa e fraterna" (SOTER, *Ata da Fundação 28/07/1985*).

## 2. Processo de fundação

O impulso final para a fundação da sociedade de teologia se deu com a CNBB criando a Comissão Episcopal de Doutrina (CED) para incentivar e acompanhar, através do diálogo frequente, os que se dedicam à reflexão, ensino e produção, nas áreas doutrinais de imediato interesse para a missão da Igreja" (Comissão Episcopal de Doutrina, 1983, p. 289). Após quatro encontros com expoentes de diversas áreas geográficas em Bíblia, Teologia Sistemática e Teologia Moral, chegou-se à sugestão de "proporcionar aos próprios teólogos a oportunidade de um maior intercâmbio e de uma reflexão comum sobre suas responsabilidades eclesiais" (CNBB, 1983). Com isso se projetou um encontro de teólogos promovido pela CED, mas organizado e conduzido "de forma democrática" pelos próprios teólogos. Para evitar tensões a respeito de pauta, a própria CED estipulou os passos e metodologia do encontro. Por razões logísticas, foi nomeado um comitê organizador de Belo Horizonte composto por Pe. Alberto Antoniazzi, Fr. Bernardino Leers OFM, Pe. Carlos Palacio SJ, Pe. Cleto Caliman SDB, Pe. Dalton Barros CssR, Pe. Mário de França Miranda SJ. Ficou estabelecido um encontro para acolher o máximo de oitenta teólogos na Casa de Retiro S. José, durante três dias plenos, debatendo sobre "O ministério dos teólogos na Igreja do Brasil

1. HORIZONTES DA MEMÓRIA QUE FALAM AO PRESENTE: A SOTER AOS QUARENTA ANOS

hoje". A reunião prevista de fato se realizou com sucesso entre 25 e 28 de julho de 1985 em Belo Horizonte. Participei dessa importante assembleia e registrei anotações pessoais (Anjos, Anotações, p. 24-31), com detalhes que escapam às atas; selecionei aqui alguns pontos que me parecem significativos.

Entre os participantes estavam membros da CED, notadamente Dom Aloísio Lorscheider, Dom Valfredo Tepe e Dom Ângelo Salvador, mas coube aos organizadores exporem o tema e os objetivos do encontro. E a seguir se dividiram por grupos nos quais se fizeram apresentações pessoais e levantamento de ideias e contribuições referentes ao tema geral, que, aliás, os participantes deveriam ter trazido por escrito ao encontro. Para uma ideia concreta sobre os grupos, no que me coube estavam, por ordem no assento, Dom Ângelo Salvador, Carlos Mesters, Manfredo Oliveira, Alquermes Valvassori, Marcio Fabri, Benedito David e Pedro Ramón. Os relatórios dos grupos foram entregues à coordenação e confiados ao Pe. José Comblin para fazer uma síntese, em que identificou nos relatórios alguns sinais prospectivos de atitudes, tarefas e disposições corajosas para fundar e assumir uma sociedade de teologia no Brasil. Entre outras, sintetizo algumas:

- ser Igreja no mundo, o que exige do teólogo levar a fé cristã por meio de sua inserção no mundo, nesta sociedade e tempo, com suas particularidades;
- dar prioridade às tarefas coletivas acima das individuais; superar a fixação em organizações particulares dioceses e congregações religiosas, e somar esforços numa direção conjugada;
- ter coragem de levar a teologia para além de fronteiras nacionais e eclesiásticas habituais, e encontrar interlocutores leigos, mulheres, indígenas, negros e outros muitos;
- dar atenção ao pluralismo crescente não apenas por "agremiação grupal", mas também pelas particularidades das pessoas em seu pensar e nos seus modos de ser; essa tendência do

pluralismo logo mais irá trazer muitas interrogações para a teologia;

- perceber que, no pluralismo, a emergência de uma espécie de "globocracia" religiosa na qual os grupos religiosos têm uma função social predominante de garantir a identidade pessoal, mas pouco ou nada de empenho por coerência da fé cristã na vida;
- dar atenção ao fato de que a transmissão da fé hoje já tem enorme influxo da TV, e isso tende a crescer;
- perceber que os jovens buscam cada vez mais a experiência religiosa em formas orientais; urge à teologia pensar a espiritualidade inserida na vida real das pessoas;
- perceber que a presença teológica é frágil no espaço e discurso acadêmico; há hoje um perigo de "populismo teológico" que não discute a razão, um perigo de uma teologia blindada diante de críticas e, por isso, exposta a cair num isolamento social.

## 3. Tensões de fundo e opções de ação

Em reações no plenário, ao se propor fundar a sociedade de teologia, Dom Ângelo Salvador observou que no grupo presente "não há a adesão de conservadores". A criação dessa sociedade no momento seria talvez aumentar a cisão e conflito pela não adesão referida. Sugere então "adiar a criação da Sociedade, procurando formas de ela participar". E alerta que "nos próximos vinte anos intensifica-se a marcha do conservadorismo". As reações do grupo diante dessa provocação foram interessantes. Recolhemos algumas:

- "Esperar vinte anos? A conciliação não pode depender só da não criação da Sociedade; com ela se pode trabalhar pela unidade."
- "Há mais tempo se sente a necessidade do trabalho conjunto e já se faz alguma coisa; o convite foi feito a todos. Não

1. Horizontes da memória que falam ao presente: a Soter aos quarenta anos

podemos responder pela ausência, que não se explica só nesta reunião."

- "A observação (de Dom Salvador) pede reflexão. Mas (a proposta de) estatuto da sociedade propõe abertamente o diálogo. Esta é a institucionalização da reconciliação. Uma tarefa do grupo é buscar conjuntamente essa aproximação."

- "A Sociedade (de Teologia) abre a verdade desocultando as reuniões secretas, a união isolada da Teologia da Libertação, o influxo parcial da Teologia da Libertação dos bispos. O ânimo aberto da Sociedade (de Teologia) ao diálogo é sua plataforma. A CED pode mediar o confronto. Acobertar a desconfiança e a divisão não seria honesto" (D. B. A.).

- "É urgente a gente se antecipar aos acontecimentos."

Aqui se percebe um horizonte instigante que a sociedade de teologia tinha pela frente. As tensões se mostraram mais aquecidas nas próprias tendências do Vaticano II, descritas por Libanio (1979) como *Volta à grande disciplina*. Em um terceiro momento do encontro, conforme o programa, Dom Aloísio Lorscheider expressou-se com franqueza sobre as tensões com a Congregação da Doutrina da Fé sobre a *Instrução sobre alguns aspectos da "Teologia da Libertação"* e sobre o silenciamento imposto a Leonardo Boff. Ele mencionou o esforço da CNBB solicitando revisão dessa medida de silenciamento. Observou ao mesmo tempo a tendência de esvaziar a importância das Conferências Episcopais e de fortalecer a autonomia das dioceses, com prejuízo ao esforço pela unidade da Igreja em seus contextos nacionais. Ao mesmo tempo se perguntava qual seria o papel da CED nacional, se nem fora consultada sobre questões envolvendo seus teólogos. Mencionou passos dados para fazer chegar ao Papa João Paulo II esse descompasso provocado direta ou indiretamente pela *Instrução* e obteve informação de que um segundo documento estava sendo preparado para recompor pontos necessários. Como se sabe, esse segundo documento veio com a *Libertatis conscientia. Sobre a liberdade cristã e a libertação* (22 de março de 1986).

A fala de Dom Aloísio foi longa, densa e muito envolvente, seja pela cadência dos assuntos, seja pela transparência com que ele expôs as questões. Ao final, sugeriu que a sociedade de teologia não fosse fundada como um órgão anexo à CNBB, mas que tivesse sua autonomia universitária e civil. Essa sugestão se mostrou sábia e válida em dois momentos particulares: em 1994 o congresso da Soter sobre "Evangelização e inculturação", previsto para se realizar em Salvador-BA quis ser vetado pelo arcebispo sob a alegação de que alguns conferencistas seriam polêmicos para o contexto local, mas lhe foi mostrada a impropriedade de tal proibição. Ao final, o congresso se realizou de fato em João Pessoa, por razão logística de acomodação dos participantes. Uma segunda ocorrência se deu no ano 2000 com o tema "Teologia na América Latina: prospectivas" por veto vindo de Roma à participação de Gustavo Gutierrez e de Leonardo Boff, previstos no programa. Em ambos os casos, a resposta da parte da diretoria foi respeitosa, mas ao mesmo tempo sustentando o perfil acadêmico, aberto à pluralidade crítica em teologia, e ao mesmo tempo à autonomia civil da Soter. Em ambos os casos, esses considerandos foram de valia.

Some-se a isso a questão ecumênica, que se percebia como um desafio premente. A tendência do grupo era de que a sociedade de teologia se declarasse ecumênica. Mas, em comentário casual que fiz sobre isso a Júlio de Santa Ana, meu amigo, teólogo metodista de renome, recebi dele uma advertência incisiva: "Que vocês católicos não tenham a pretensão de criar unilateralmente uma sociedade teológica ecumênica sem antes discutir e concordar em que termos e com quais confessionalidades se assume tal sociedade ecumênica". Essa observação levada ao grupo foi convincente e optou-se por reconhecer a sociedade como católica de abertura ecumênica.

## 4. Horizontes básicos da Soter em sua fundação

Esse encontro de Belo Horizonte foi, portanto, fundacional. Ali se delinearam as intenções e os horizontes que a sociedade de

# 1. Horizontes da memória que falam ao presente: a Soter aos quarenta anos

teologia se propunha a assumir. Dalton Barros e Marcio Fabri foram encarregados de redigir o primeiro rascunho, depois completado, para manter a memória-guia de uma caminhada que se abria. Esse documento se tornou a "Ata da Fundação da Sociedade de Teologia e Ciências da Religião" (Soter, Ata da Fundação da Sociedade de Teologia e Ciências da Religião). O nome "Soter" foi sugerido posteriormente pelo Pe. João Batista Libanio, inspirado no termo grego para "Salvador", e foi adotado com agrado como um expressivo nome de fantasia da sociedade. O registro civil da Soter se deu após a eleição da primeira diretoria, composta por João Batista Libanio (presidente), Antônio Aparecido da Silva (vice-presidente), Alberto Antoniazzi (1º secretário), Franziska Carolina Rehbein (2ª secretária), Cleto Caliman (tesoureiro).

Entre as características da Soter em sua fundação destacam-se:

- Forte sensibilidade à abertura da Igreja ao mundo, provocada pelo Concílio Vaticano II, exigindo maior aproximação e percepção crítica sobre o conjunto da organização social.
- Compromisso com a busca da unidade, no respeito às diferenças.
- Compromisso com a interlocução crítica e interdisciplinar.
- Abertura ecumênica ao diálogo teológico acadêmico e às linguagens de sujeitos distantes ou excluídos da reflexão teológica (mulheres, indígenas, afrodescendentes).
- Autonomia civil como sociedade sem fins lucrativos.

Os termos conclusivos da Ata da Fundação sintetizam bem o horizonte em que se fundava a Soter:

Dentro desse contexto histórico, social, cultural e eclesial, inspirados na experiência do que tem constituído a originalidade e a fecundidade eclesial da elaboração teológica no Brasil e na América Latina e atentos às novas tarefas que surgem como desafios urgentes para os anos vindouros, decidimos criar a Sociedade de Teologia e Ciências da Religião.

169

MARCIO FABRI DOS ANJOS

## 5. Passos iniciais significativos

Sabemos que fundar escapa de afundar ao se aprofundar. A caminhada de aprofundamento da Soter se mostrou, numa primeira fase, em discutir e elaborar em grupo temas eclesiais por meio de encontros anuais. Assim, após o encontro de fundação, os encontros anuais mostram a vitalidade da Soter, coroando em 1991 um ciclo inicial com a celebração dos vinte e cinco anos de teologia latino--americana pós-conciliar (1966-1991). Em 1992, a Soter, em parceria com o Grupo Ameríndia, deu forte contribuição e presença na tensa 3ª Conferência do Celam (Conselho Episcopal Latino-Americano e Caribenho) realizada em Santo Domingo, República Dominicana (de 12 e 28 de outubro de 1992). Com o tema "Nova Evangelização" foram levantadas questões sensíveis implicadas no entrelaçamento da evangelização com a conquista e o atropelo das culturas dos povos originários. Surgiram disso duas publicações preciosas (Lorscheider; Beozzo, 1992). A abertura da Soter para o diálogo teológico em âmbito de América Latina e Caribe e Europa seguiu adiante com vários congressos e publicações, entre as quais se destaca o livro comemorativo dos trinta anos de teologia na América Latina, com a participação inclusive de teólogos europeus (Susin, 2000).

A parceria com o Grupo Ameríndia, fundado em 1978 para incentivar o apoio teológico à preparação da Conferência do Celam em Puebla (1979), persistiu por vários anos com a Soter, inclusive com participação destacada em congressos. Vale notar também a participação da Soter na fundação da *INSeCT – Network of Societies for Catholic Theology* (1994), em que o presidente da Soter foi seguidamente vice-presidente dessa instituição. A projeção da Soter no quadro mundial das sociedades de teologia e também algumas interações internacionais na participação de congressos foram alguns frutos dessa vinculação.

Para além dos congressos, ficou decidido que se realizariam, a cada dois anos, congressos em vez de encontros, sendo o ano de intervalo sem congresso dedicado a pesquisas e estudos articulados e convergentes a uma publicação. Esse passo resultou em visibilidade

# 1. Horizontes da memória que falam ao presente: a Soter aos quarenta anos

e criatividade nas contribuições da Soter. Os aprofundamentos da Conferência de Santo Domingo (1992), por exemplo, geraram duas publicações (Anjos, 1994; 1995). Em 1995, visando ao estímulo e à divulgação da Soter, se organizou pela primeira vez um concurso chamado "Teologia Jovem", com prêmios financeiros simbólicos para trabalhos de conclusão de curso. A iniciativa teve sucesso e persiste de certa forma hoje em outra modalidade.

Essa etapa foi também de uma abertura mais explícita da Soter para temas e questões interdisciplinares em que a teologia e as ciências da religião pudessem se ver mais envolvidas nas áreas acadêmicas e na sociedade. *Teologia e novos paradigmas* (1996) e *Mysterium creationis: um olhar interdisciplinar sobre o universo* (1999) são publicações expressivas nessa direção. A primeira, provocando a discussão epistêmica, e a segunda realizando uma prática temática abrangente. Uma publicação que resultou de um grupo de estudo programado foi particularmente relevante: *Teologia: profissão* (1996). Este estudo publicado pela Soter influenciou a relatoria no Congresso Nacional a dar voto favorável ao reconhecimento civil da teologia no Brasil. De fato, valeu na obra a distinção de três espaços da teologia, a saber, o *confessional*, em que se guia pelos critérios de sua comunidade; o espaço da *cidadania*, em que a teologia tem implicações sociais; e o espaço da *cientificidade* como garantia da compatibilidade do discurso religioso com a vida em sociedade; disso resulta caber ao Estado laico estabelecer critérios acadêmicos para a linguagem pública das teologias. Sabe-se que esse assunto ainda não se resolveu inteiramente, mas a Soter deu uma contribuição relevante já no início dessa discussão no Brasil.

## Considerações finais

Este recorte de informações e ênfases sobre os primeiros anos da Soter revisita os contextos e as motivações para a fundação da Soter, para não se perder o impulso prospectivo. É certo que as circunstâncias hoje são outras, mas alguns elementos dessas memórias podem sugerir horizontes persistentes para a Soter. Em suma:

a) As comunidades em suas caminhadas religiosas são sempre as grandes interlocutoras subjacentes ao esforço da reflexão e elaboração teológica; isso seria sempre um alerta para que a teologia, com seu necessário empenho científico, não se encasule nos espaços acadêmicos, mas mantenha acesa a destinação final do seu serviço.

b) A abertura ecumênica e inter-religiosa da Soter se insere nesse mesmo sentido, isto é, de se manter como espaço para o diálogo científico a serviço da mútua compreensão por meio de análises das aproximações e diferenças.

c) Os laços entre teologia e ciências da religião na Soter sugerem por si fortalecer a parceria com a Anptecre, mesmo porque muitos de seus membros estão em ambas as associações.

d) Existem no Brasil várias associações teológicas por áreas disciplinares – como Bíblia, Teologia Moral e Liturgia, citadas nas raízes da Soter –, com as quais a Soter se enriquece ao ter vínculos colaborativos, no mínimo pelo intercâmbio na divulgação de seus eventos e ações mais significativas.

e) Laços com outras sociedades ou grupos de teologia fora do Brasil trazem dois frutos preciosos: o mútuo incentivo na produção teológica e o enriquecimento com outras percepções analíticas e temáticas. Além do convite a conferencistas fora dos quadros da Soter, intercâmbios internacionais conferem outro padrão de interações.

As mudanças aguçadas pelo desenvolvimento tecnológico alteram, mas não apagam, a condição humana carente de relações comunitárias. A atual guerra de narrativas põe a descoberto a disputa sobre qual horizonte pode congregar e excluir as pessoas, e articular indiretamente rumos do caminhar. Nesse quadro, teologia e ciências da religião podem se ver no epicentro de questões fundamentais da humanidade. Um congresso da Soter sobre *Deus na sociedade plural: fé, símbolos, narrativas* (Oliveira; De Mori, 2013) teve uma abertura artística de alto valor simbólico.

Um conjunto de mais de vinte adolescentes, tocadores de flautas, executaram algumas composições musicais. Organizados em uma comunidade de periferia da grande cidade, aqueles rostos adolescentes narravam entre tantas coisas, que a *sociedade plural* se constitui de rostos concretos; que existem periferias da vida; que o brilho dos olhos deriva da confiança de ser incluído de modo favorável; que a questão sobre *Deus* é uma envolvente interrogação individual e social de sobrevivência no presente e no futuro; que desvelar o "sim" ou o "não" de *Deus* é uma tarefa que exige envolvimento nos meandros da vida. A música dos adolescentes de periferia parecia alertar sobre a dificuldade de desvelar *Deus*, em uma forma distante dos sentimentos e do sofrimento, conforme a antiquíssima canção de crianças: "Tocamos e não dançastes; entoamos lamentações, mas não chorastes" (Lc 7,32).

Teologia e ciências da religião encontram nessa espécie de parábola uma persistente provocação à sensibilidade para ler e interpretar o que se passa com a humanidade nos meandros do seu existir. Tarefa que exige agudeza de espírito crítico, paixão e compaixão.

## Referências

AAVV. *Santo Domingo*: ensaios teológico-pastorais. Petrópolis: Vozes; São Paulo: Paulinas, 1992.

ANJOS, Marcio Fabri (org.). *Inculturação desafios de hoje*. Petrópolis: Vozes, 1994.

ANJOS, Marcio Fabri (org.). *Teologia e novos paradigmas*. São Paulo: Soter: Loyola, 1996.

ANJOS, Marcio Fabri (org.). *Teologia*: profissão. São Paulo: Loyola, 1996.

ANJOS, Marcio Fabri dos (org.). *Teologia da inculturação e inculturação da teologia*. Petrópolis: Vozes, 1995.

ANJOS, Marcio Fabri. Anotações. *Arquivo Provincial Redentorista*, São Paulo, v. 1984-1994, p. 24-31/mar.

ANJOS, Marcio Fabri. Sonhos e perspectivas de uma associação teológica no Brasil. *In*: VITORIO, Jaldemir; BUROCCHI, Aurea M. (org.). *Religião e espaço público*: cenários contemporâneos. São Paulo: Paulinas, 2015. v. 1, p. 238-248.

ANJOS, Marcio Fabri. Teologia e ciências da religião no Brasil: balanço prospectivo da Soter (1985-2005). *In*: FREITAS, M. Carmelita (org.). *Teologia e ciências da religião no Brasil*: balanço prospectivo da Soter (1985-2005). São Paulo: Paulinas, 2006. p. 477-491.

CNBB. *Encontro de teólogos* (anteprojeto). Brasília: Arquivos CNBB, 1983.

COMISSÃO EPISCOPAL DE DOUTRINA. Regulamento art. 2. *Comunicado Mensal da CNBB*, n. 366, abril 1983, p. 289.

DIEL, Paulo Fernando. Em defesa da Teologia da Libertação: memorando dos teólogos do oeste da Alemanha de 1977. *An. teol.*, ano 20, n. 2, 2018, p. 233-260 (revista UCSC).

GALEANO, Eduardo. *As veias abertas da América Latina*. São Paulo: Paz e Terra, 1979 (original Montevideo: Siglo XXI Editores, 1971).

GUTIERREZ, Gustavo. *Teología de la Liberación*. Madrid: Sígueme, 1971.

LIBANIO, João Batista. *Volta à grande disciplina*. São Paulo: Loyola, 1979.

LORSCHEIDER, Aloísio; BEOZZO, José Oscar. *500 anos de evangelização da América Latina*. Petrópolis: Vozes, 1992.

OLIVEIRA, Pedro Ribeiro; DE MORI, Geraldo (org.). *Deus na sociedade plural*: fé, símbolos, narrativas. São Paulo: Paulinas, 2013.

SOTER. Ata da Fundação 28/07/1985. *In*: *Arquivo Soter*, PUC-Minas, Belo Horizonte-MG.

SOTER. Ata da Fundação da Sociedade de Teologia e Ciências da Religião. *In*: *Arquivo Soter*, PUC-Minas, Belo Horizonte-MG.

SUSIN, L. Carlos (org.). *Mysterium creationis*: um olhar interdisciplinar sobre o universo. São Paulo: Paulinas, 1999.

SUSIN, L. Carlos (org.). *O mar se abriu*: trinta anos de teologia na América Latina. São Paulo: Loyola, 2000.

# 2. A Soter aos quarenta anos: congressos, publicações e diretorias

Paulo Agostinho N. Baptista[1]

## Introdução

Em 2015, por ocasião do aniversário de trinta anos da Soter, Pedro Ribeiro de Oliveira e eu escrevemos um capítulo intitulado: "Soter: 30 anos", para o livro *Religião e espaço público: cenários contemporâneos* (Oliveira; Baptista, 2015), organizado pela nossa saudosa Áurea Burocchi e por Jaldemir Vitório. Falamos, na ocasião, de três momentos da associação: os primeiros anos, o período de transição, que veio com a publicação do livro *Teologia e novos paradigmas* (Anjos, 1996), organizado por Marcio Fabri dos Anjos, e uma terceira fase, quando a Soter passou a se apresentar como associação marcadamente científica, assumindo mais claramente as ciências da religião, fazendo parceria com a PUC-Minas, local onde passaram a acontecer seus congressos. Esse capítulo merece ser revisitado.

A primeira reunião em 6 e 7 de agosto de 1983, com quinze teólogos, foi o ponto de partida. A proposta era "um encontro mais amplo, de teólogos das diversas regiões do Brasil, com o objetivo de proporcionar aos próprios teólogos a oportunidade de um maior intercâmbio e de uma reflexão comum sobre suas responsabilidades eclesiais" (Encontro de teólogos, anteprojeto, 1983 – Freire, 2014, p. 116).

---

[1] Doutor e mestre em Ciências da Religião (UFJF), pós-doutor em Demografia (UFMG), licenciado em Filosofia (UFJF) e bacharel em Teologia (PUC-Minas), professor e pesquisador do PPG em Ciências da Religião da PUC-Minas; membro coordenador do GT Teologia(s) da Libertação da Soter desde 2011. E-mail: pagostin@gmail.com

Formalmente, a fundação de caráter civil aconteceu em 1985, com teólogos e cientistas da religião. Era um contexto de redemocratização e tempos difíceis para a Igreja Católica, especialmente em relação à Teologia da Libertação. E seu primeiro presidente foi outro que nos deixa saudades, o Pe. João Batista Libanio. E no primeiro livro da Soter, publicado em 1990, Libanio diz: "Com este estudo [...] a Soter quer prestar sua contribuição ao grande debate que se instaura na Igreja Católica e na América Latina a propósito dos quinhentos anos de Evangelização" (Libanio, 1990, p. 5).

Neste breve registro, mas de uma história de quarenta anos, apresentamos os encontros e congressos, as publicações e quais foram as diretorias da associação.

## 1. Encontros e congressos da Soter (1983-2024)

| Nº | ANO | LOCALIDADE | TEMA |
|---|---|---|---|
| 0 | 1983 | Belo Horizonte-MG – Casa de Retiros São José | Encontro de teólogos – anteprojeto da Soter |
| 1 | 1985 | Belo Horizonte-MG – Casa de Retiros São José | Encontro de teólogos (1º) – fundação da Soter |
| 2 | 1986 | Belo Horizonte-MG – Casa de Retiros São José | Igreja: Povo de Deus (2º) |
| 3 | 1987 | Belo Horizonte-MG – Casa de Retiros São José | Desafios da modernidade: a fé cristã em uma visão prospectiva (3º) |
| 4 | 1988 | Ilhéus-BA | América Latina: 500 anos de evangelização (4º) |
| 5 | 1989 | Domingos Martins-ES | Mística e política (5º) |
| 6 | 1990 | Belo Horizonte-MG – Casa de Retiros São José | Evangelização e culturas (6º) |
| 7 | 1991 | Goiânia-GO | 25 anos de teologia latino-americana: uma visão prospectiva (7º) |
| 8 | 1992 | Ilhéus-BA | Santo Domingo e os 500 anos de evangelização da América Latina (8º) |

## 2. A SOTER AOS QUARENTA ANOS: CONGRESSOS, PUBLICAÇÕES E DIRETORIAS

| Nº | ANO | LOCALIDADE | TEMA |
|---|---|---|---|
| | 1993 | Encontros Regionais: | Religião e cultura – São Paulo |
| | | São Paulo /SP | Mercosul – Florianópolis |
| | | Florianópolis-SC | O Novo Catecismo – Belo Horizonte |
| | | Belo Horizonte-MG | |
| 9 | 1994 | João Pessoa-PB | Evangelização e inculturação (9º) |
| | 1995 | Encontros Regionais: | |
| | | Florianópolis-SC | Teologia, economia e sacrificialismo – Florianópolis |
| | | Fortaleza-CE | Catecismo popular cearense – Fortaleza |
| | | Belo Horizonte-MG | Trinta anos do Concílio Vaticano II – Belo Horizonte |
| 10 | 1996 | Belo Horizonte-MG – Casa de Retiros São José | Teologia e novos paradigmas (10º) |

Em 1992 se decidiu em assembleia organizar os congressos de dois em dois anos; sendo o ano de intervalo ocupado por Encontros Regionais da Soter, como incentivo à participação e envolvimento local. Esse passo se mostrou eficiente, permitindo a realização de seminários e pesquisas, das quais resultaram publicações de grande relevância como foi *Teologia: profissão* (Anjos, 1996) para o reconhecimento civil da teologia no Brasil. A partir de 1996, os congressos foram predominantemente em Belo Horizonte, dada a centralidade de Minas, facilitando os custos e a logística de espaço e acesso. Alguns ainda se realizaram em Cachoeira do Campo, cidade próxima a Ouro Preto. E de 2008 em diante passaram a se realizar na PUC-Minas. Com a Pandemia de Covid-19, não houve congresso em 2020.

| Nº | ANO | LOCALIDADE | TEMA |
|---|---|---|---|
| 11 | 1998 | Belo Horizonte-MG – Casa de Retiros São José | Experiência religiosa: risco ou aventura? (11º) |
| 12 | 1999 | Cachoeira do Campo-MG | *Mysterium Creationis*: um olhar interdisciplinar sobre o universo (12º) |

| Nº | ANO | LOCALIDADE | TEMA |
|---|---|---|---|
| 13 | 2000 | Belo Horizonte-MG – Casa de Retiros São José | Teologia na América Latina: prospectivas (13º) |
| 14 | 2001 | Belo Horizonte-MG – Casa de Retiros São José | Práticas sociais, modelos de sociedade e pensar teológico (14º) |
| 15 | 2002 | Cachoeira do Campo-MG | Gênero-teologia feminista: interpelações perspectivas para a teologia (15º) |
| 16 | 2003 | São Paulo-SP – PUC-SP | Cristianismo na América Latina e Caribe: trajetórias, diagnósticos, prospectivas (16º) |
| | 2003 | Belo Horizonte-MG – Casa Santíssima Trindade | Arriscar a fé nas nossas sociedades (Simpósio Internacional Soter/INP). |
| 17 | 2004 | Belo Horizonte-MG – Casa de Retiros São José | Corporeidade e teologia (17º) |
| 18 | 2005 | Belo Horizonte-MG – Casa de Retiros São José | Relevância e funções da teologia na sociedade (18º) |
| 19 | 2006 | Belo Horizonte-MG – Casa de Retiros São José | Religião e transformação social no Brasil hoje (19º) |
| 20 | 2007 | Belo Horizonte-MG – Casa de Retiros São José | Deus e vida: desafios, alternativas e o futuro da América Latina e o Caribe (20º) |
| 21 | 2008 | Belo Horizonte-MG – PUC-Minas | Sustentabilidade da vida e espiritualidade (21º) |
| 22 | 2009 | Belo Horizonte-MG – PUC-Minas | Religião, ciência e tecnologia (22º) |
| 23 | 2010 | Belo Horizonte-MG – PUC-Minas | Religiões e paz mundial (23º) |
| 24 | 2011 | Belo Horizonte-MG – PUC-Minas | Religião e educação para a cidadania (24º) |
| 25 | 2012 | Belo Horizonte-MG – PUC-Minas | Mobilidade religiosa: linguagens, juventude, política (25º) |
| 26 | 2013 | Belo Horizonte-MG – PUC-Minas | Deus na sociedade plural – fé, símbolos, narrativas (26º) |
| 27 | 2014 | Belo Horizonte-MG – PUC-Minas | Espiritualidades e dinâmicas sociais: memória – prospectivas (27º) |
| 28 | 2015 | Belo Horizonte-MG – PUC-Minas | Religião e espaço público: cenários contemporâneos (28º) |
| 29 | 2016 | Belo Horizonte-MG – PUC-Minas | Tempos do Espírito: inspiração e discernimento (29º) |
| 30 | 2017 | Belo Horizonte-MG – PUC-Minas | Religiões em Reforma: 500 anos depois (30º) |
| 31 | 2018 | Belo Horizonte-MG – PUC-Minas | Religião, ética e política (31º) |

## 2. A Soter aos quarenta anos: congressos, publicações e diretorias

| Nº | ANO | LOCALIDADE | TEMA |
|---|---|---|---|
| 32 | 2019 | Belo Horizonte-MG – PUC-Minas | Decolonialidade e práticas emancipatórias: novas perspectivas para a área de ciências da religião e teologia (32º) |
| | | 2020 – PANDEMIA DE COVID-19 | |
| 33 | 2021 | Belo Horizonte-MG – PUC-Minas (on-line) | Religião, laicidade e democracia: cenários e perspectivas (33º) |
| 34 | 2022 | Belo Horizonte-MG – PUC-Minas (híbrido) | Religiões e projetos de Brasil nos 200 anos de Independência (34º) |
| 35 | 2023 | Belo Horizonte-MG – PUC-Minas (híbrido) | A Amazônia e o futuro da humanidade: povos originários, cuidado integral, questões ecossociais (35º) |
| 36 | 2024 | Belo Horizonte-MG – PUC-Minas (híbrido) | Economia e inteligência artificial: desafios à sociedade e à religião (36º) |
| 37 | 2025 | Belo Horizonte-MG – PUC-Minas (híbrido) | As religiões frente às crises mundiais contemporâneas: construindo esperanças (37º) |

A produção da Soter nesses seus quarenta anos é notável, inclusive colecionando um Prêmio Jabuti, em 1999, com o livro *Mysterium Creationis: um olhar interdisciplinar sobre o universo*, organizado por Luiz Carlos Susin.

## 2. Publicações produzidas/organizadas pela Soter

| Nº | TÍTULO | ORGANIZADOR(ES) – EDITORA | ANO |
|---|---|---|---|
| 1 | América Latina: 500 anos de Evangelização | Antônio Aparecido da Silva (org.) Paulinas Editora | 1990 |
| 2 | Santo Domingo: ensaios teológico-pastorais | Clodovis Boff *et al.* Editora Vozes | 1993 |
| 3 | Inculturação: desafios de Hoje | Marcio Fabri dos Anjos (org.) Editora Vozes | 1994 |
| 4 | Teologia da inculturação e inculturação da teologia | Marcio Fabri dos Anjos (org.) Editora Vozes | 1995 |

| N° | TÍTULO | ORGANIZADOR(ES) – EDITORA | ANO |
|---|---|---|---|
| 5 | Teologia: profissão | Marcio Fabri dos Anjos (org.)<br>Editora Loyola | 1996 |
| 6 | Teologia e novos paradigmas | Marcio Fabri dos Anjos (org.)<br>Editora Loyola | 1996 |
| 7 | Teologia aberta ao futuro | Marcio Fabri dos Anjos (org.)<br>Editora Loyola | 1997 |
| 8 | Mercosul: integração e impacto socioeconômico | Antônio José Almeida (org.)<br>Editora Vozes | 1997 |
| 9 | Experiência religiosa, risco ou aventura? | Marcio Fabri dos Anjos (org.)<br>Paulinas Editora | 1998 |
| 10 | Sob o fogo do Espírito Santo | Marcio Fabri dos Anjos (org.)<br>Paulinas Editora | 1998 |
| 11 | Teologia em mosaico | Marcio Fabri dos Anjos (org.)<br>Editora Santuário | 1999 |
| 12 | *Mysterium Creationis*: um olhar interdisciplinar sobre o universo | Luiz Carlos Susin (org.)<br>Paulinas Editora | 1999 |
| 13 | O mar se abriu: trinta anos de teologia na América Latina | Luiz Carlos Susin (org.)<br>Editora Loyola | 2000 |
| 14 | Sarça ardente: teologia na América Latina: prospectivas | Luiz Carlos Susin (org.)<br>Paulinas Editora | 2000 |
| 15 | Terra Prometida: movimento social, engajamento cristão e teologia | Luiz Carlos Susin (org.)<br>Editora Vozes | 2001 |
| 16 | Gênero e teologia: interpelações e perspectivas | Soter (org.)<br>Paulinas Editora e<br>Editora Loyola | 2003 |
| 17 | Cristianismo na América Latina e no Caribe | Wagner Lopez Sanchez (coord.).<br>Paulinas Editora | 2003 |
| 18 | Corporeidade e teologia | Soter (org.)<br>Paulinas Editora | 2005 |
| 19 | Teologia e sociedade: relevância e funções | Soter (org.)<br>Paulinas Editora | 2006 |

## 2. A SOTER AOS QUARENTA ANOS: CONGRESSOS, PUBLICAÇÕES E DIRETORIAS

| Nº | TÍTULO | ORGANIZADOR(ES) – EDITORA | ANO |
|---|---|---|---|
| 20 | Caminhos da Igreja na América Latina e no Caribe: novos desafios<br>Tjiendo Redes de Vida y Esperanza – cristianismo, sociedade y profecia en America Latina ey el Caribe | Soter e Ameríndia (org.)<br>Indo-American Press Service | 2006 |
| 21 | Religião e transformação social no Brasil hoje | Soter (org.)<br>Paulinas Editora | 2008 |
| 22 | Deus e vida: desafios, alternativas e o futuro da América Latina e do Caribe | Maria Carmelita de Freitas (org.)<br>Paulinas Editora | 2008 |
| 23 | Sustentabilidade da vida e espiritualidade | Soter (org.)<br>Paulinas Editora | 2008 |
| 24 | Religião, ciência e tecnologia | Soter (org.)<br>Paulinas Editora | 2009 |
| 25 | Religiões e paz mundial | Soter (org.)<br>Paulinas Editora | 2010 |
| 26 | Religião e educação para a cidadania | Pedro de A. R. de Oliveira e Geraldo de Mori (org.)<br>Paulinas Editora | 2011 |
| 27 | Mobilidade religiosa: linguagens, juventude, política | Pedro de A. R. de Oliveira e Geraldo de Mori (org.)<br>Paulinas Editora | 2012 |
| 28 | Deus na sociedade plural: fé, símbolos, narrativas | Pedro de A. R. de Oliveira e Geraldo de Mori (org.)<br>Paulinas Editora | 2013 |
| 29 | Espiritualidades e dinâmicas sociais: memória – prospectivas | Roberlei Panasiewicz e Jaldemir Vitório (org.)<br>Paulinas Editora | 2014 |
| 30 | Religião e espaço público: cenários contemporâneos | Áurea Marin Burocchi e Jaldemir Vitório (org.) | 2015 |
| 31 | Tempos do Espírito: inspiração e discernimento | Manoel Godoy e Jaldemir Vitório (org.)<br>Paulinas Editora | 2016 |
| 32 | Religiões em Reforma: 500 anos depois | Cesar Kuzma e Alex Villas Boas (org.)<br>Paulinas Editora | 2017 |

| Nº | TÍTULO | ORGANIZADOR(ES) – EDITORA | ANO |
|---|---|---|---|
| 33 | Religião, ética e política | Cesar Kuzma e Marcio Cappelli (org.)<br>Paulinas Editora | 2018 |
| 34 | Decolonialidade e práticas emancipatórias: novas perspectivas para a área de ciências da religião e teologia | Cesar Kuzma e Paulo Fernando Carneiro de Andrade (org.)<br>Paulinas Editora | 2019 |
| 35 | Religião, laicidade e democracia: cenários e perspectivas | Cesar Kuzma, Maria Clara Lucchetti Bingemer e Andreia Cristina Serrato (org.)<br>Paulinas Editora | 2022 |
| | Religiões e projetos de Brasil nos 200 anos de Independência | (não houve publicação – só anais) | 2022 |
| 36 | A Amazônia e o futuro da humanidade: povos originários, cuidado integral, questões ecossociais (e-book) | Clélia Peretti (org.)<br>Paulinas Editora | 2023 |
| 37 | Economia e inteligência artificial: desafios à sociedade e à religião | Clélia Peretti, Edward Guimarães, Maria Jeane dos Santos Alves (org.)<br>Paulinas Editora | 2024 |

Como se pode observar, em mais de trinta e seis obras, quase uma obra para cada ano da Soter, há uma riqueza de temas e de abordagens, coletando o que foi mais significativo nos congressos, como suas conferências, registrando o debate que envolve a área de ciências da religião e teologia, um diálogo importante, tocando em questões fundamentais da área e da sociedade brasileira.

Todo o trabalho foi realizado em equipe, e nesses quarenta anos não podemos deixar de agradecer a todas e todos que se empenharam para fazer a Soter chegar aonde chegou e traçar novos rumos diante do futuro.

## 3. Diretorias da Soter (1985-2024)

### 1ª – 1985-1987

*Presidente:* João Batista Libanio
*Vice:* Antônio Aparecido da Silva
*1º Secretário:* Alberto Antoniazzi

*2ª Secretária:* Franziska Carolina Rehbein
*Tesoureiro:* Cleto Caliman

### 2ª – 1987-1989

*Presidente:* Antônio Aparecido da Silva
*Vice:* Ana Maria A. L. Tepedino
*1º Secretário:* José Benedito de Almeida David
*2º Secretário:* José Ernane Pinheiro
*Tesoureiro:* José Grossi Dias

### 3ª – 1989-1991

*Presidente:* Antônio Aparecido da Silva
*Vice:* Ana Maria A. L. Tepedino
*1º Secretário:* José Benedito de Almeida David
*2º Secretário:* Cleto Caliman
*Tesoureiro:* José Grossi Dias

### 4ª – 1991-1995

*Presidente:* Marcio Fabri dos Anjos
*Vice:* Cleto Caliman
*1º Secretário:* Paulo Fernando C. de Andrade
*2ª Secretária:* Ana Maria A. L. Tepedino
*Tesoureiro:* Rogério de Aragão B. do Valle

### 5ª – 1995-1998

*Presidente:* Marcio Fabri dos Anjos
*Vice:* Paulo Fernando C. de Andrade
*1º Secretário:* Mariano Foralosso
*2ª Secretária:* Vera Ivanise Bombonatto
*Tesoureiro:* Etiene Higuet

### 6ª – 1998-2001

*Presidente:* Luiz Carlos Susin
*Vice:* Agenor Brighenti
1º *Secretário:* Érico João Hammes
2º *Secretário:* Flávio Martinez de Oliveira
*Tesoureira:* Araci Maria Ludwig

### 7ª – 2001-2004

*Presidente:* Paulo Fernando C. de Andrade
*Vice:* Maria Carmelita de Freitas
1ª *Secretária:* Maria Helena Morra
2º *Secretário:* Paulo Agostinho N. Baptista
*Tesoureiro:* Cleto Caliman

### 8ª – 2004-2007

*Presidente:* Maria Carmelita de Freitas
*Vice:* Paulo Fernando C. de Andrade
1º *Secretário:* Paulo Agostinho N. Baptista
2º *Secretário:* Cleto Caliman
*Tesoureira:* Maria Helena Morra

### 9ª – 2007-2010

*Presidente:* Afonso Maria Ligório
*Vice:* Benedito Ferraro
1ª *Secretária:* Ivanete Dal Farra
2º *Secretário:* Luis Carlos da Silva
*Tesoureiro:* João Décio Passos

### 10ª – 2010-2013

*Presidente:* Valmor da Silva

*Vice:* Geraldo de Mori
*1º Secretário:* Pedro A. Ribeiro de Oliveira
*2ª Secretária:* Anete Roese
*Tesoureiro:* Manoel José de Godoy

**11ª – 2013-2016**
*Presidente:* Jaldemir Vitório
*Vice:* Érico João Hammes
*1º Secretário:* Adilson Schultz
*2ª Secretária:* Selenir Kronbauer
*Tesoureiro:* Edmar Avelar Sena

**12ª – 2016-2019**
*Presidente:* Cesar Augusto Kuzma
*Vice:* Maria Clara L. Bingemer
*1º Secretário:* Paulo Fernando C. de Andrade
*2ª Secretária:* Solange Maria do Carmo
*Tesoureiro:* Alex Villas Boas Oliveira Mariano

**13ª – 2019-2022**
*Presidente:* Cesar Augusto Kuzma
*Vice:* Maria Clara L. Bingemer
*1º Secretário:* Paulo Fernando C. de Andrade
*2º Secretário:* Edward Neves Monteiro de Barros Guimarães
*Tesoureira:* Andréa Cristina Serrato

**14ª – 2022-2025**
*Presidente:* Clélia Peretti
*Vice:* Andreia Cristina Serrato
*1ª Secretária:* Maria Jeane dos Santos Alves

*2º Secretário:* Edward Neves Monteiro de Barros Guimarães

*Tesoureiro:* André Phillipe Pereira

A história não para e em breve, pois o tempo parece acelerado, estaremos comemorando o cinquentenário dessa importante associação. Que estejamos presentes nessa ocasião e com saúde.

# 3. Soter:
## uma necessidade e um sonho

Luiz Carlos Susin[1]

## Introdução

A Soter foi dada à luz em 1985, portanto exatamente no meio da "década perdida" na economia, no ano em que finalmente a ditadura oficialmente acabou. Estávamos muito mal economicamente, mas começávamos a respirar com esperança politicamente. A Soter, que foi denominada inicialmente com a sigla STCR (Sociedade de Teologia e Ciências da Religião), tem um contexto e uma pré-história que ajudam a explicar seu nascimento, tanto em termos sociais, como em termos eclesiais e acadêmicos. Vou me ater ao seu contexto e à sua pré-história, para terminar com uma reflexão sobre seu nome: a relação entre teologia e ciências da religião. Essa é uma memória, um testemunho, e, portanto, é de minha cabeça e de meu coração, sem pesquisas em livros e sem citações acadêmicas. Comblin afirmava que a idade, quanto mais avança, mais se permite a liberdade de atirar banana para todo lado. Adquire-se a franqueza da primeira

---

[1] Participante do movimento e da assembleia de fundação, foi o quarto presidente da Soter, no triênio 1999-2002. Doutor em Teologia pela Universidade Gregoriana de Roma, com pós-doutorado pela Universidade Georgetown de Washington. É professor na área de teologia sistemática na Pontifícia Universidade Católica do Rio Grande do Sul e na Escola Superior de Teologia e Espiritualidade Franciscana. Foi também membro da Equipe de redação da revista internacional de teologia *Concilium* e secretário-geral do Fórum Mundial de Teologia e Libertação. Como presidente da Soter, editou no ano 2000 o livro resultante do congresso do ano anterior: *Mysterium Creationis: um olhar interdisciplinar sobre o universo*, que foi contemplado com o prêmio Jabuti daquele ano de 2000.

## 1. Um contexto efervescente, mas diferente

É bom começar lembrando que, no ano de fundação da Soter, não tínhamos internet, nem celulares, nem, claro, redes digitais, nem mesmo computadores. Reinavam o gênero epistolar, os jornais, o rádio. A TV começava a ser a cores, mas de tubo. A vida era, portanto, bem mais lenta, mais mecânica, inclusive a máquina de datilografar. Fazíamos filas em bancos para retirar o dinheiro aos pouquinhos e assim não perder valor na gigantesca inflação da época. E o então Presidente da República, General João Figueiredo, declarava que preferia os cavalos aos humanos. Nos anos seguintes, tivemos como moeda o "cruzado" substituindo o cruzeiro e diminuindo três zeros para tentar dar a impressão de domar a inflação, mas não deu certo. Como primeiro presidente eleito pela população depois da ditadura, em seus dois anos de governo cheio de vaidades, Fernando Collor chamou nossos carros de carroças e começou sequestrando todo o dinheiro em contas bancárias, até mesmo das velhinhas viúvas – o tal "choque com a única *bala de prata*" que levou gente ao suicídio.

No entanto, tivemos, três anos depois da fundação da Soter, em 1988, ainda no governo de transição de José Sarney, a promulgação da Constituição "cidadã", um marco democrático que não pode absolutamente ser esquecido, graças a um esforço comum de participação cidadã na política. Para chegar à nova Constituição e ao "Plano Real" com a estabilização da moeda, os primeiros anos da Soter foram de enorme esforço e criatividade tanto na política como na economia. Basta lembrar o movimento das "Diretas Já". Era impossível fugir de uma reflexão teológica a respeito da relação entre fé e política, o que foi feito em julho de 1989, no congresso realizado no interior do Espírito Santo, sob forte tensão às vésperas das primeiras eleições presidenciais diretas depois da ditadura. Para a ocasião, a deputada Benedita da Silva foi convidada a dar seu testemunho de fé e política,

# 3. Soter: uma necessidade e um sonho

pois era novidade que membro fervoroso da Assembleia de Deus fosse também militante político. Ela tinha sido empregada doméstica, disse que o que importa é Cristo, que é bem maior do que a Igreja!

Em termos eclesiais, especialmente da Igreja Católica, e em termos religiosos em geral, no ano de 1985, depois da era Paulo VI – o Papa que assinou a maioria dos documentos de renovação pós-conciliar –, reinava como verdadeiro soberano pontífice o Papa João Paulo II e seus dois braços, o Cardeal Sodano, que tinha sido Núncio Apostólico no Chile de Pinochet, agora como Secretário de Estado, e o Cardeal Ratzinger, Prefeito da Congregação para a Doutrina da Fé, que, no ano anterior, em 1984, tinha emitido a *Instrução sobre alguns aspectos da "Teologia da Libertação"*. Foi o começo de certa oficialização de uma visão condenatória com uma interpretação reducionista da Teologia da Libertação. Diante do mal-estar manifestado pela presidência do episcopado brasileiro e da crítica geral que extrapolou a América Latina, mas que teve em Juan Luís Segundo, do Uruguai, uma cuidadosa resposta, Ratzinger escreveria outro texto em 1986, ano seguinte à fundação da Soter, uma exposição sobre a liberdade e a libertação, sem retocar, claro, o texto anterior, que, na verdade, está na origem autorizada do atual "ódio à Teologia da Libertação", vítima expiatória de todos os males, até dos eventos climáticos extremos, como foi o caso das recentes enchentes no Rio Grande do Sul. Não se tem notícia de teologia que tenha ganhado tanta importância e tanto valor, inclusive por parte de seus críticos. Nem de teologia que tenha ocupado espaços públicos e plurais de forma tão planetária.

Mas, depois de um breve tempo pós-conciliar incrivelmente criativo – de caos criativo, dado o esboroar-se quase repentino, como a queda de um morto que havia tempo teimava em não deitar, do modelo eclesial "piano", dos Papas "Pio's" desde Pio IX até Pio XII, modelo feito de oposição à modernidade e com forte centralização romana –, agora se sentia a "volta à Grande Disciplina", segundo feliz expressão de João Batista Libanio, o primeiro presidente da Soter. De fato, Leonardo Boff, justo nesse ano de 1985, cumpria seu ano de

LUIZ CARLOS SUSIN

"silêncio obsequioso", suspenso de seus ofícios no magistério e de toda intervenção pública, inclusive de seu intenso trabalho editorial. A Congregação para a Doutrina da Fé, sob Ratzinger, tinha voltado, na prática, a ser a Suprema Congregação do Santo Ofício dos tempos do antimodernismo. Mas o que isso tinha a ver com a América Latina? Aqui não era o liberalismo político e a soberania popular que perturbava a ordem pré-moderna das boas relações de trono e altar, nem era a ciência positivista que vinha ocupando o lugar de explicações do mundo e substituindo o sermão. Aqui era a suspeita de socialismo, a infame palavra *comunismo*, baseada na ideologia do *marxismo*, que assombrava e contaminava a tradição. Por isso, se a *Gaudium et spes* tinha sido elaborada conforme o critério de uma antropologia contemporânea – as grandes questões e aspirações que emergem da humanidade de hoje – como ponto de partida indutivo e caminho para desbordar em uma cristologia e em uma teologia em diálogo com o mundo contemporâneo –, agora – em 1985 – o esquema polonês para a elaboração da *Gaudium et spes*, trazido em atraso pelo Cardeal Wojtyla, um esquema que era dedutivo, de cima para baixo – "Cristo – Igreja – Homem" –, estava sendo implantado gradativamente no pontificado de Wojtyla pelas sucessivas encíclicas, a começar por *Redemptor hominis* em 1979, seis meses depois de sua eleição. E chegou a influenciar Puebla, em parte importante do documento, no conteúdo da evangelização.

Na CNBB, por outro lado, tínhamos nesse tempo grandes lideranças, autoridades de grande visão e bons intelectuais, mesmo tendo já saído da presidência. Tínhamos, por exemplo, os primos Lorscheider, Dom Luciano Mendes, Dom Helder Câmara, Dom Paulo Evaristo Arns – que teve sua arquidiocese fragmentada por Roma. É que em São Paulo, como em todo o Brasil, desde o primeiro intereclesial nacional em Vitória, em 1975, portanto dez anos antes da fundação da Soter, cresciam exponencialmente as comunidades eclesiais de base, as CEBs. E não só no Brasil, mas em quase toda a América Latina. A Teologia da Libertação, que estava na ordem do dia e num turbilhão de efeitos até na forma de bumerangue quando a Soter foi

190

## 3. Soter: uma necessidade e um sonho

fundada, tinha amadurecido sua epistemologia e, por sua dimensão profética, de anúncio, e por sua dimensão prática, propositiva, de viabilidade pastoral, eclesial e social, além de sua dimensão crítica, de denúncia histórica, tornou-se teologia orgânica das CEBs e de movimentos populares emergentes.

Foi um contexto com muita esperança e adrenalina, mas também com fortes tensões: uma resistência passiva e subterrânea jazia viva entre bispos que não sabiam bem o que pensar e estavam desprovidos de instrumentos para se manifestar e reger. Não era, porém, o caso de Dom Eugênio Sales, antes pioneiro de uma pastoral libertadora em Natal, mas depois, no Rio, amigo de generais e senhor feudal. Nem o caso de Dom Vicente Scherer, com o pé pronto no freio, que tinha comprado um bate-boca com Leonardo Boff por causa de sua cristologia. Mas era do Celam comandado por Lopez Trujillo e companheiros que viria arregimentada a batalha contra a Teologia da Libertação oferecendo insumos a Roma. Acabaram todos promovidos para os postos maiores do Vaticano, embora hoje suas biografias estejam expostas sem brilho.[2]

Aliás, em termos de América Latina, os anos que precederam e seguiram a fundação da Soter foram tempos de dor e de luta em quase todos os países, subindo a ditadura e as lutas de guerrilhas contra elas desde o Brasil, em seguida todo o Cone Sul, para atingir a América Central, onde Nicarágua era ícone da esperança de um povo novo, El Salvador e Guatemala eram ícones de um povo crucificado clamando por justiça. A Soter foi fundada entre o martírio de Dom Oscar Romero em 1980 e dos jesuítas da UCA de San Salvador em 1989. Naqueles anos, a "pátria grande" sangrava e lutava. E suportava interpretações injustas internamente na Igreja dos que se alinhavam com a burguesia que odiava, claro, todo movimento de libertação. No caso do Brasil, essa burguesia empresarial liberal,

---

[2] Dom Boaventura Kloppenburg, OFM, no entanto, patrono de Leonardo Boff e seus estudos na década de 1960, diretor da REB por décadas, que, num primeiro tempo foi considerado aliado dessa batalha e de fato sempre foi um crítico da Teologia da Libertação, manteve sua independência e não se interessou em prosperar em carreira eclesiástica.

que tinha se protegido sob as asas da Igreja – considerada a "voz dos sem-voz" – quando os militares se excediam às suas expectativas, agora, sem o constrangimento militar, deixava a Igreja falando sozinha e se alegrava com o divisionismo possível do pluralismo cristão que começou a se avolumar naquela década.

É que o panorama religioso do Brasil, nesses quarenta anos depois de 1985, talvez seja o que mais tenha mudado. O que hoje nos preocupa já estava lá ao menos em germe, se é que já não vinha de décadas e de séculos anteriores, mas cresceu exponencialmente. O movimento feminista, e especificamente a teologia feminista, no Brasil estava começando – a fundação da Soter contou com um grupo reduzidíssimo de mulheres teólogas – e as teologias afro e indígena estavam dando seus primeiros passos. Foi a celebração do centenário da Lei Áurea e depois dos quinhentos anos de evangelização da América que fizeram estalar a releitura da memória histórica, graças aos movimentos indígenas e negros, e com a ajuda preciosa do Cehila (Centro de Estudos de História da Igreja Latino-Americana), com seu método revolucionário de leitura a partir das vítimas, dos pobres e dos oprimidos. Quanto à teologia *queer*, que levasse em conta questões de diversidade de gêneros, a primeira geração de teólogos da libertação foi severamente julgada pela pioneira argentina Marcella Althaus-Reid, rotulando-os praticamente de homofóbicos – a palavra não existia ainda. O assunto estava apenas emergindo e criou um impacto enorme com o aparecimento da AIDS naqueles anos.

Mas o que transformou o panorama religioso desde então, de tal forma que quarenta anos tornaram aquele contexto realmente distante e estranho, foi o crescimento do povo evangélico. A Assembleia de Deus e outras Igrejas pentecostais estavam presentes nas periferias, claro, e Comblin já nos chamava a atenção para o seu papel de manutenção da dignidade humana lá onde nem a Igreja Católica nem outras Igrejas históricas nem a sociedade civil formal chegavam. Mas o crescimento das Igrejas *neo* ou *pós-pentecostais*, deslocando o epicentro da experiência religiosa não tanto para o êxtase da fala em línguas, da comunidade distanciada do mundo, e sim para a prosperidade

3. Soter: uma necessidade e um sonho

econômica, com seus métodos de forte investimento nos meios de comunicação, de massificação e individualização ao mesmo tempo, modificou de tal forma o panorama religioso que não faltou o dito ora perplexo, ora irônico – para não dizer "debochado" – de que a Igreja fez opção pelos pobres, e os pobres fizeram opção pelas igrejas evangélicas. Para aumentar o espanto da nossa geração pós-conciliar, enquanto o povo, de fato, veio perdendo sua conexão com a Igreja Católica e com as Igrejas históricas e se tornou migrante do vasto mundo evangélico pentecostal, na Igreja Católica veio crescendo uma opção de "volta ao altar", ao ostensório, à sacristia e seus paramentos, de forma reducionista, ou seja, a opção por um clericalismo litúrgico e doutrinário, moral e emocional que, para o nariz de nossa geração, tem cheiro de mimetismo do neopentecostalismo e até de suicídio na forma de espetáculo, retorno ao modelo tridentino e barroco, teatral. É que a história se repete a primeira vez como tragédia e depois como farsa!

Para concluir o registro do contexto da década fundacional – os anos 1980 – nem o pluralismo religioso nem a opção clerical estavam no horizonte da Soter. Como ainda não estava suficientemente no horizonte o problema maior de nosso tempo, as mudanças climáticas e ecológicas, a urgência planetária sentida hoje. Não era uma questão de *negacionismo*, mas de falta de consciência mesmo. Apenas Leonardo Boff estava abrindo caminho na reflexão que precedeu a ECO-Rio 1992. Não faltou, em um dos congressos da primeira década da Soter, quem interrogasse Leonardo sobre se a teologia que se ocupa do universo em seus mais de 13 bilhões de anos não seria um cômodo afastamento da teologia que deve se ocupar da luta cotidiana dos pobres.

## 2. A pré-história da Soter na teologia do Brasil

Há quarenta anos três programas de mestrado em teologia davam os primeiros passos no Brasil – EST, PUC-Rio, Faje –, e nada de ciências da religião, nenhum doutorado ainda. A preocupação originária

193

da Soter nem era em primeiro lugar acadêmica. Os participantes da sessão fundacional, em sua quase totalidade, eram formados em instituições europeias, estavam buscando uma transição, mas tinham uma bagagem impensável sem o que vinha acontecendo de renovação teológica na Europa e na América do Norte. Na área católica, as instituições de teologia da Europa, depois das décadas bastante frutíferas de neoescolástica, através dos novos métodos de pesquisa bíblica, patrística e litúrgica, de diálogo ecumênico e de nova presença da ação católica, tinham desbordado num largo movimento de *renouveau théologique*, uma renovação com grande fecundidade acadêmica por sua epistemologia e sua metodologia, mas também com fecundidade *querigmática* e pastoral, impregnando a vida de fé com uma compreensão mais clara e, portanto, com sentido. E seu fruto maior está testemunhado nos documentos conciliares. É sintomático que visões tradicionalistas suspeitem da teologia conciliar como entrada do modernismo na Igreja Católica, sobretudo por efeito do método histórico-crítico, no entanto autorizado por Pio XII através da encíclica *Divino afflante Spiritu*, de 1943.

A teologia no Brasil de então bebia do que estava acontecendo sobretudo nos países da Europa central, o *renouveau théologique* que, no diálogo com a filosofia da existência, foi chamado também de "virada antropológica" da teologia. Teólogos como Hugo Asmann, João Batista Libanio, Leonardo Boff, e biblistas como Carlos Mesters, ou historiadores da Igreja como José Oscar Beozzo, filósofos como Manfredo de Oliveira, e, antes deles, o filósofo Henrique de Lima Vaz ou o teólogo *fidei donum* José Comblin, trouxeram para o Brasil uma nova e vibrante interpretação da fé em diálogo com a ciência, com a história, com a sociedade, uma nova clareza do sentido de ser cristão. No começo dos anos 1960, Dom Aloísio Lordscheider, presidente da CNBB mas também religioso franciscano, incentivou Leonardo Boff e Libanio a percorrerem o Brasil para ajudar os religiosos em sua renovação crítica. Foram "arrasa-quarteirões"! O excelente conhecimento acadêmico passava por uma clara linguagem com sabor existencial, quase jornalística. A teologia ganhou *charme*.

## 3. Soter: uma necessidade e um sonho

Por diversas razões, Petrópolis, com a instituição de filosofia e teologia dos franciscanos e a editora Vozes, foi se tornando então a *meca* da teologia. A filosofia de Heidegger tinha em Emmanuel Carneiro Leão um autorizado e criativo discípulo, que colaborava em Petrópolis com Hermógenes Harada, frade nipo-brasileiro, e Arcângelo Buzzi. Eles davam as cartas com linguagem fenomenológica paralelamente à exuberância de Leonardo Boff em teologia sistemática e de Simão Voigt com o método histórico-crítico em Escritura. As "semanas teológicas de Petrópolis", realizadas normalmente em fevereiro de cada ano, irradiaram por todo lado a renovação bíblica, teológica, moral, litúrgica, histórica. Na edição de março da Revista Eclesiástica Brasileira (REB) publicavam-se as conferências das Semanas de Petrópolis. A REB e a Revista Internacional de Teologia *Concilium* desde 1965, ambas da Editora Vozes, eram grandes líderes de propagação e referência em teologia no Brasil, as *influencers* de então. Petrópolis hospedou, desde a década de 1960, o Centro de Formação Intercultural (Cenfi), para integrar minimamente missionários à cultura nativa.[3] Nele intervinham Comblin e Mesters, que tinham palmilhado o caminho da inculturação. Houve também a visita ilustre do agudo pensador e pedagogo Ivan Illich. Em 1964, Petrópolis teve, inclusive, em encontro latino-americano, a presença de Gustavo Gutierrez, anterior, portanto, a Leonardo Boff ou Libanio nessas terras. Em 1974, com a fama consagrada, Petrópolis viu chegar o grupo de dominicanos recém-libertos de seus quatro anos de cárcere político, entre eles Frei Betto. Foram se aprofundar em teologia. Formaram então um grupo de estudos que se reunia periodicamente, dos quais ainda se reúnem José Oscar Beozzo, Leonardo Boff, Frei Betto, Ivo Lesbaupin, Manfredo Araújo de Oliveira, Marcelo Barros, Lúcia Ribeiro, Benedito Ferraro, Tereza Cavalcanti, Helena Arrochellas, Pedro Ribeiro de Oliveira e até há pouco também Carlos Mesters, Luiz Eduardo Wanderley, Luiz Alberto Gomes de Souza, Antônio Cechin. O grupo logo se tornou ecumênico, com Jether Ramalho e o uruguaio Júlio de Santa Ana. Já tinha acontecido

---

[3]  Desde 1982, o Cenfi integra o Centro Cultural Missionário (CCM) em Brasília.

195

Medellín, e, apesar do silenciamento de Dom Helder Câmara e da vigilância de órgãos militares sobre a CNBB e Petrópolis, a Teologia da Libertação, aqui como em toda a América Latina e no exílio, estava em gestação adiantada.

Em 1975, esse grupo – que hoje se denomina "Emaús" e conta também com membros da geração seguinte – assessorou o primeiro encontro intereclesial de CEBs em Vitória, e esse evento produziu um aprofundamento na epistemologia e na metodologia da própria teologia, como uma autêntica "teologia orgânica" ao modo como Antônio Gramsci pensou o intelectual orgânico. O que hoje emociona e dá dores de cabeça aos críticos retardatários que enxergam nisso o "marxismo cultural" de Gramsci e o comunismo disfarçado de teologia, porque não entendem nada do poder de uma leitura da Escritura feita e vivida em comunidade popular – a Escritura existe antes de Gramsci.

## 3. A necessidade e o sonho de repensar a teologia

No começo dos anos 1980, estava clara a necessidade de reler toda a teologia. Não só os diferentes tratados da teologia sistemática, mas também a hermenêutica bíblica, a interpretação da história da Igreja, a teologia moral, a liturgia, o próprio direito e a prática da catequese, tudo podia ser relido com fecundidade a partir de critérios e métodos da Teologia da Libertação, uma teologia fundamental e uma ótica para toda a teologia, não apenas para a teologia da política ou das questões sociais. A coleção "Teologia e Libertação", organizada por um grupo expoente de toda a América Latina, começou essa tarefa. A releitura global ficou tão clara a ponto de obrigar a tomar decisão: estar com ela ou estar fora. E, claro, havia quem decidia ficar de fora e começava a reclamar de abusos hermenêuticos. Foi o caso da Liga de Estudos Bíblicos (LEB) com sua Revista de Cultura Bíblica (RCB) e seu principal nome de então, João Martins Terra. Mas havia outros, havia murmurações que chegavam a Roma. O entrevero estava armado, o diálogo era uma urgência.

A CNBB, depois de alguns puxões de orelha por parte de Roma, criou nesse tempo, finalmente, a Comissão Episcopal de Doutrina (CED). A confiança na criatividade da teologia até ali, por um lado, e, por outro lado, a desconfiança de que as comissões episcopais de doutrina em outros países tinham transparecido a intenção de controle sobre a teologia eram a razão da resistência. Mas aqui intervém o grande Aloísio Lordscheider, ao se tornar primeiro presidente da CED: "Ela não deve ser uma instância de controle, mas de promoção". A primeira comissão foi composta de quatro bispos de tradição franciscana – Dom Aloísio Lordscheider OFM, Dom Valfredo Tepe OFM, Dom Clóvis Freiner OFMCap e Dom Ângelo Salvador OFMCap, todos estreitos amigos, além de franciscanos ao mesmo tempo intelectuais e pessoas simples – e mais o bispo auxiliar do Rio de Janeiro, de origem suíça, Dom Karl Romer, intelectual de Dom Eugênio Sales, que não deu o ar da graça nas reuniões de diálogo com a teologia que se sucederam. Com a liderança sempre antecipadora de Dom Aloísio, esses diálogos começaram com informalidade em 1983 e de forma mais ampliada e formalizada em 1984. Nesse ano Dom Aloísio foi enfático: os teólogos – falava-se sempre no masculino porque assim era a realidade, embora algumas mulheres tenham participado, entre elas Ana Maria Tepedino e Maria Clara Bingemer – deviam se organizar e fundar a sua associação. Ela deveria, segundo Dom Aloísio, ser aberta e inclusiva, sobretudo ecumenicamente aberta, e por isso deveria ter um *status* civil, não eclesiástico. Nesse ponto foi insistente e divergia das associações já existentes em outros países tanto na América Latina como na América do Norte e nos diferentes países da Europa. E nisso também Dom Aloísio se antecipou – no ano 2000, sendo eu mesmo presidente da Soter, o Cardeal Ratzinger deu ordem para cancelar o congresso que reuniria, pela primeira vez, teólogos de toda a América Latina e assim revisar e prospectar a teologia produzida em nosso subcontinente. E lhe explicamos que se tratava de uma sociedade de caráter civil, com participação ecumênica. Ele ficou quieto, e o congresso teve grande participação para a época.

Portanto, raiou julho de 1985, com data já marcada no ano anterior, e aconteceu a assembleia constituinte. Por falta de vaga na Casa de Retiros São José, dos redentoristas, próxima à PUC-Minas, o grupo se reuniu numa casa dos jesuítas na região de Venda Nova, com noites excepcionalmente frias – fiz parte da equipe de redação, que trabalhava também à noite. Foram redigidos e aprovados os estatutos, e o foro jurídico escolhido foi Belo Horizonte. Nos objetivos estavam, como critérios para a produção teológica, a opção preferencial pelos pobres, a vida das comunidades eclesiais de base, a fé do Povo de Deus, a libertação de toda forma de opressão, elementos essenciais para uma teologia de que necessitamos. Como todos os participantes eram de tradição católica, não havia autoridade para fundar uma associação ecumênica, e por isso se instituiu inicialmente com "abertura" ecumênica. Mas já no ano seguinte Walter Altmann, da EST de São Leopoldo, de tradição luterana, se inscrevia como membro da Soter. Ela se tornava efetivamente ecumênica.

Embora fôssemos massivamente teólogos e algumas teólogas – de tradição católica –, tivemos normalmente conosco, desde a fundação, sociólogos, filósofos, antropólogos, historiadores, enfim especialistas de outras áreas das ciências humanas. Não nos era desconhecido que, desde o século XIX, as "ciências religiosas" – *Religionswissenschaft* em alemão, *Religious Studies* em inglês, *Sciences des Religions* em francês etc. – se impunham junto à teologia nas universidades contemporâneas, e a intrínseca relação entre ambas, como amigas críticas, é uma necessidade e uma vantagem para todas as partes. Mas é necessário sublinhar: a Soter não nasceu de uma necessidade acadêmica, nasceu de uma história cheia de vida, ou seja, da efervescência, de sonhos, de generosidade, de conflitos, assim como foi narrado acima. Comblin, na assembleia constituinte, lembrou a necessidade de a Soter ser também rigorosamente acadêmica. Depois do ano 2000, porém, quando o ar de academia parecia se tornar prioridade, ele – nós o apelidamos carinhosamente de "metralhadora giratória"! – insistiu no cuidado de não perder as raízes na organicidade da teologia com as comunidades cristãs populares, onde se encontra a fé real e viva, insumo da teologia e das ciências da religião.

3. Soter: uma necessidade e um sonho

A Soter, quando se examinam os títulos de cada congresso desde o seu começo, foi fiel aos sinais dos tempos, aos clamores do contexto, não só eclesial ecumênico, mas também social e cultural. Os programas de pós-graduação em teologia e ciências da religião foram surgindo desde então e se multiplicando – hoje passam de vinte. Programas de ciências da religião se tornaram tão numerosos como os de teologia. Surgiu a necessidade de criar a Associação Nacional de Pós-Graduação em Teologia e Ciências da Religião (Anptecre), que deve ter seus próprios congressos. O panorama está muito mudado, sobretudo o contexto social e eclesial, mas também na própria teologia e nas ciências da religião. A Capes, mais que o Papa, pontifica.

## 4. Teologia e ciências da religião: necessidade "calcedônica"

Uma das características da teologia contemporânea, se se quer se manter como diálogo de fé e razão, é justamente o diálogo entre fé, religião e ciências contemporâneas, pois as ciências são uma forma contemporânea da razão. Esse diálogo está na base epistemológica da Soter. A relação e a distinção entre teologia e ciências da religião foram discutidas em diversas ocasiões, desde a fundação e desde o fórum de coordenadores de pós-graduações que precedeu a fundação da Anptecre. Mas alguns incidentes e mal-entendidos recentes sinalizam que esse aclaramento é novamente necessário e possivelmente com novos aprofundamentos. Sem isso, não se pode honrar o nome Soter.

Sugiro, por ora, sem aqui aprofundar, que o caso é "calcedônico". Pois se podem aplicar os quatro provérbios da famosa fórmula cristológica de Calcedônia ao nosso caso, à relação entre teologia e ciências da religião: *inconfundivelmente*, pois são substâncias distintas; *imutavelmente*, pois nenhuma se perde ou perde valor diante da outra; *indivisivelmente*, pois ninguém fica pela metade ou reduzido a pedaço junto à outra; *inseparavelmente*, pois são feitas uma para a outra e se perdem sem a outra. O teólogo representa a fé junto às ciências, e o cientista representa a razão junto à fé. Cada um é necessário ao

199

outro, pois do diálogo – que supõe escuta e aprendizado – ambos crescem em conhecimento, em compreensão da fé, afinal é esse o objetivo de ambas as partes. A teologia está muito próxima e encarnada no profetismo da fé, na sua ausculta e prospectiva, enquanto a ciência está próxima e encarnada na sabedoria, mais perscrutadora, examinadora, mas ambas se reclamam.

A discussão sobre o nome da área 44 de conhecimento na classificação da Capes para as pós-graduações, sobre o que deveria ser nomeado primeiro, se teologia ou se ciências da religião, foi francamente constrangedora, para não dizer mesquinha, uma vez que já estava consagrada a conjunção pela sigla Anptecre, seguindo uma tradição já secular e bem fundada, que se constata em praticamente todas as línguas: *teologia e ciências da religião* – ou ciências religiosas, ou estudos da religião. Mas isso é só a capa. A *confusão* e a *mutação*, assim como a *divisão* e a *separação*, podem acontecer na compreensão da epistemologia e na redução de uma à outra, na submissão de uma à outra, na indiferença de uma para com a outra, todas tentações possíveis que levam à esterilidade, com prejuízo tanto para a fé como para a ciência.

Por isso é importante a Soter zelar pelo seu nome e voltar sempre ao seu primeiro amor.

# 4. Os quarenta anos da Soter: memória e reflexão

PAULO FERNANDO CARNEIRO DE ANDRADE[1]

Neste ano de 2025 a Soter – Sociedade de Teologia e Ciências da Religião – completa quarenta anos de existência. Tendo participado de sua fundação e tendo sido membro de sua diretoria em diversas funções (presidente, vice-presidente, secretário), em diferentes mandatos, resgato aqui alguns elementos de memória de nossa sociedade.

A Soter foi fundada em 1985 em Belo Horizonte. Sua fundação se deu a partir de uma convocação feita pela Comissão Episcopal de Doutrina da CNBB, na época presidida pelo Cardeal Aloísio Lorscheider. O contexto eclesial internacional era complexo e de certo modo hostil à teologia latino-americana. Investigavam-se e colocavam-se suspeitas doutrinais sobre a Teologia da Libertação e instauraram-se processos contra teólogos como Gustavo Gutierrez e Leonardo Boff, entre outros. Em 6 de agosto de 1984, foi promulgado o documento vaticano *Instrução sobre alguns aspectos da "Teologia da Libertação"*, que continha uma apreciação bastante negativa sobre essa teologia, majoritariamente identificada no documento como sendo não uma teologia, mas sim um discurso marxista travestido de discurso

---

[1] Possui graduação em Engenharia Mecânica Ênfase Nuclear pela Pontifícia Universidade Católica do Rio de Janeiro (1981) e doutorado em Teologia pela Pontifícia Universidade Gregoriana de Roma (1989). É professor da Pontifícia Universidade Católica do Rio de Janeiro em regime de tempo integral. Entre outras funções exercidas em entidades científicas, foi Presidente da Sociedade de Teologia e Ciências da Religião (Soter), membro do conselho diretor da rede Globethics e vice-presidente do International Network of Societies for Cattholic Theology (INSeCT). Tem pesquisado na área de Teologia, com ênfase em Teologia Sistemática e Moral Social, atuando principalmente nos seguintes temas: Teologia da Libertação, fé e política, doutrina social da Igreja e ética social cristã. E-mail: paulof@puc-rio.br

teológico. O método da Teologia da Libertação era desqualificado, e a chamada mediação socioanalítica usada nessa teologia era profundamente atacada. Defendia-se a necessidade de uma insubstituível mediação filosófica, como se apenas a filosofia fosse apta a dialogar com a teologia. A opção pelos pobres, central na teologia latino--americana, embora tenha sido reafirmada em Puebla, era colocada sob suspeita de ser uma opção não evangélica e sim como sendo derivada do marxismo.

Deve-se ressaltar que diversos bispos brasileiros e alguns cardeais como Dom Paulo Evaristo Arns e o próprio Dom Aloísio, aliás ambos doutores em teologia, colocaram-se na defesa da Teologia da Libertação tal como era produzida pelos principais teólogos latino--americanos. Os dois cardeais defenderam na Santa Sé e também publicamente Leonardo Boff.

Nesse contexto, Dom Aloísio sentia a necessidade de que os teólogos brasileiros se organizassem em uma sociedade de teologia não dependente da hierarquia eclesiástica que lhes permitisse encontrar-se e colaborar entre si de modo mais livre e protegido institucionalmente. Foi dessa intuição que nasceu a Soter. Outras sociedades de teologia em outros países tinham outro modelo institucional. Muitas vezes eram vinculadas às conferências episcopais ou eram canonicamente erigidas e regidas pelo direito canônico. A Soter, embora fundada a partir de uma convocação de um organismo da CNBB, foi fundada como sociedade civil, não eclesiástica, regida unicamente pelas leis civis brasileiras, acolhendo a sugestão do Cardeal Aloísio Lorscheider. Isso não retirava da Soter seu caráter eclesial e sua boa relação com a CNBB, o que foi bem compreendido pela hierarquia católica. Quase todos os fundadores eram teólogos católicos, a grande maioria sacerdotes, vinculados às faculdades e institutos de teologia ou seminários católicos. Éramos poucos leigos, leigas e religiosas. O leigo e as três leigas e uma das religiosas que participaram da fundação eram vinculados ao departamento de teologia da PUC--Rio, pioneiro em assumir leigos e leigas como docentes. Durante a reunião de fundação, discutiu-se sobre a oportunidade de que

# 4. OS QUARENTA ANOS DA SOTER: MEMÓRIA E REFLEXÃO

a sociedade fosse ecumênica. Fomos advertidos previamente pelo teólogo metodista e líder ecumênico Júlio de Santa Ana de que não deveríamos nos declarar sociedade ecumênica, já que estava sendo fundada por católicos sem uma presença significativa de teólogos de outras confissões. A questão, entretanto, foi resolvida pelo fato de que a sociedade era criada como sociedade civil não eclesiástica e não confessional, de e que, mesmo tendo uma marca católica em seus fundadores, ela tinha abertura ecumênica, e de que se tratava de uma sociedade que também incluía as ciências da religião, que por sua natureza não são confessionais. Não obstante o seu caráter civil, a Soter sempre manteve o diálogo e a articulação com o episcopado católico e sempre gozou da confiança da CNBB. Desse modo, a Soter sempre teve preservada a sua autonomia e a liberdade para organizar os seus congressos.

Naquele momento, além das incompreensões eclesiásticas de parte da hierarquia católica e da Santa Sé, a teologia latino-americana enfrentava novos desafios. Surgiam novas teologias contextualizadas, e a teologia abria-se a novas questões e a outros sujeitos eclesiais: as mulheres e as questões de gênero e a questão do poder patriarcal, os povos indígenas, os povos afro-brasileiros, a questão amazônica, a ecologia, o impacto das novas tecnologias. Além disso, no período aconteceram o retorno à democracia em 1986, as transformações econômico-sociais com o fim do fordismo, o avanço da globalização e do neoliberalismo, a queda do Muro de Berlim e a crise do marxismo. A sociedade brasileira e o mundo se complexificavam e se tornavam mais plurais. A cultura moderna entrava em crise. O processo de secularização avançava e também o de diversificação de nosso campo religioso brasileiro, com o crescimento das igrejas pentecostais e a crise do catolicismo. Tudo isso exigia novos modelos de interpretação da realidade e novos modos de fazer teologia.

Voltando à história da Soter, nossos dois primeiros presidentes hoje estão falecidos. Lembramos com saudade e gratidão dos Profs. Pe. João Batista Libanio SJ, conhecido teólogo da libertação, e Pe. Antônio Aparecido, liderança fundamental da Teologia Negra no Brasil.

Depois lhes sucederam as presidências dos Profs. Pe. Marcio Fabri dos Anjos e Pe. Luiz Carlos Suzin. Foram anos de consolidação da Soter e de passagem paulatina para um modelo mais acadêmico de nossa Sociedade. Susin assumiu a presidência tendo como vice-presidenta a Profa. Ir. Carmelita Freitas, hoje falecida, e que em seguida se tornou a primeira presidenta da Soter. Em seguida, tivemos as presidências dos Profs. Afonso Maria Ligorio Soares (também já falecido), Walmor Junior, Pe. Vitório SJ, Cesar Kuzma e hoje da Prof. Clélia Peretti.

Os primeiros congressos da Soter, sempre anuais, foram itinerantes, passando por diversas cidades até se fixarem em Belo Horizonte no início dos anos 1990. Ao olharmos os temas dos primeiros congressos, percebemos uma prevalência de questões mais de cunho pastoral e eclesial católica. Em 1996, ocorre um fato de fundamental importância para a teologia e as ciências da religião. A Lei de Diretrizes e Bases (LDB) promulgada naquele ano acabava com os processos de credenciamento dos cursos de pós-graduação *stricto sensu*, tornando credenciados todos os cursos (programas) avaliados positivamente pela Capes. Essa era a situação de alguns programas já existentes, como o Programa de Teologia da PUC-Rio, avaliado pelo Comitê de Filosofia e Teologia desde praticamente a criação do sistema de avaliação da Capes em 1977, mas não credenciado pelo MEC, já que não se credenciavam cursos de teologia. A partir da promulgação da LDB, os diplomas emitidos pelos programas de teologia avaliados positivamente pela Capes passaram automaticamente a ter efeito civil. Nos anos que se seguem, os programas de pós-graduação em teologia e ciências da religião cresceram substancialmente. A partir de 1999, os cursos de graduação em teologia passaram a poder ser também reconhecidos pelo Estado. Para tanto, colocavam-se exigências de qualidade que incluíam uma adequada infraestrutura, biblioteca, docentes regularmente contratados pelas instituições e um número mínimo de doutores como parte do quadro docente. Isso produziu uma rápida profissionalização das atividades docentes teológicas. Essa nova realidade acadêmica institucional teve por efeito produzir uma nova demanda pela pós-graduação em teologia e ciências da religião,

4. Os quarenta anos da Soter: memória e reflexão

com a consequente abertura de novos programas, o que provocou um crescimento substantivo do número de novos doutores e doutoras em teologia e ciências da religião no país, sendo que muitos deles são leigas e leigos. Isso aumentou significativamente a procura pela Soter de pessoas interessadas em se associarem.

Nesse ínterim, cresceu significativamente a presença de sócios e sócias oriundos de outras confissões cristãs pertencentes aos progrāmas de teologia, bem como sócios e sócias pertencentes aos programas de ciências das religiões, sendo muitos também não cristãos. Com o aumento de novos sócios e sócias oriundos do universo acadêmico e não só pastoral e eclesial, os congressos se tornam também mais acadêmicos e plurais. As temáticas, sempre escolhidas na assembleias dos sócios e sócias, abordaram questões de fronteira e de interesse acadêmico e social, trabalhadas por pesquisadores e pesquisadoras que pertencem ao campo da teologia e das ciências da religião, bem como por cientistas e intelectuais que tenham contribuição significativa sobre temas de fronteira. A internacionalização dos congressos foi uma realidade que paulatinamente se traduziu pela contínua presença de conferencistas de outros países.

A simples enumeração dos temas dos congressos traduz essa realidade e também o caráter pioneiro da Soter, sempre buscando construir uma reflexão sobre questões de ponta a cada ano.

Os congressos têm recebido ao longo dos anos uma ótima avaliação da Capes, tornando-os atrativos também para alunos e alunas dos programas de pós-graduação seja em teologia, seja em ciências da religião. Os GTs que pouco a pouco foram introduzidos e hoje são uma realidade consolidada passaram a ter grande importância para docentes, alunos e alunas dos programas de pós-graduação e para pesquisadores e pesquisadoras interessados em apresentar os resultados de suas pesquisas.

Os anos de pandemia trouxeram uma especial dificuldade para nossa sociedade, dada a impossibilidade de manter naqueles anos o congresso presencial. A diretoria que estava à frente naqueles anos conseguiu realizar os congressos em modo virtual, não deixando que a Soter se estagnasse. Os congressos foram bem-sucedidos, contando com boa participação, o que demonstra o empenho de todos e todas na continuidade de nossa sociedade.

Hoje, com mais de 650 sócios e sócias, a Soter é uma sociedade consolidada, reconhecida pela academia e também pelas Igrejas. O seu reconhecimento ultrapassa o âmbito nacional. Juntamente com a CTSA (Sociedade Norte Americana de Teologia Católica) e com a Sociedade Europeia de Teologia, a Soter participou da fundação da Rede Internacional de Sociedades de Teologia Católica (*INSeCT*) em 1996 e ocupou até 2024 sempre um lugar na diretoria dessa rede. Isso deu à Soter grande visibilidade internacional, tornando-a bem conhecida e respeitada pelas outras sociedades. É a segunda maior sociedade profissional de teologia no mundo, atrás apenas da CTSA.

Vejo o futuro da Soter com otimismo. Somos uma instituição consolidada que a cada ano renova seus quadros com a admissão de novos sócios e sócias. A Soter está academicamente consolidada, reconhecida nacional e internacionalmente. Seus congressos abordam sempre questões novas de fronteira, em diálogo com a sociedade, e são frequentados por um número significativo de pessoas. A presença nos congressos de pesquisadores e pesquisadoras pertencentes a diferentes instituições promove o diálogo e o encontro, bem como estimula cooperações interinstitucionais que podem ajudar a fomentar novos programas em regiões onde estes são mais escassos no país, levando a um maior equilíbrio regional.

Quanto aos novos desafios hoje presentes, considero que a Soter pode, como sociedade de teologia e ciências da religião, ser um instrumento importante para enfrentá-los. Enumero algumas tarefas que vejo como importantes:

- Reforçar o caráter acadêmico, seja da teologia, seja das ciências da religião.
- Promover o debate sobre a questão do método, da pertinência, das diferenças e convergências entre teologia e ciências da religião.

# 4. Os quarenta anos da Soter: memória e reflexão

- Defender a liberdade acadêmica e a profissionalização daqueles e daquelas que atuam nessas áreas.

- No que tange especificamente à Teologia:

  - Promover o diálogo com as instâncias eclesiais, e a dimensão de serviço à comunidade de fé por parte dos teólogos e teólogas.
  - Estimular uma teologia que apoie as práticas de sinodalidade nas Igrejas e a superação dos clericalismos.
  - Estimular uma teologia que saiba escutar, identificar as questões de nosso tempo e dialogar com a sociedade.
  - Estimular uma teologia que seja fiel à opção pelos pobres em continuidade com a tradição latino-americana e que promova a justiça socioambiental.
  - Estimular uma teologia que reflita sobre e a partir das questões de gênero e étnico-raciais, assumindo novas perspectivas e promovendo a inclusão e a justiça também nas igrejas e instituições de ensino e pesquisa.
  - Estimular uma teologia decolonial.
  - Estimular uma teologia que contribua para o diálogo ecumênico e inter-religioso e que se abra às diferenças.
  - Estimular uma teologia que busque as diversas possibilidades de cooperação Sul-Norte e Sul-Sul.
  - Estimular a busca de novos métodos e de novas mediações, incluindo as artes (música, literatura, cinema, artes plásticas), as ciências da natureza e biológicas, o conhecimento popular e tradicional, as espiritualidades populares.
  - Estimular uma teologia que se oponha aos fundamentalismos e denuncie a instrumentalização religiosa em apoio a práticas eclesiais e sociais de dominação, assim como aos novos populismos.

– Estimular uma teologia que seja capaz de tecer solidariedades, de fazer sonhar com a construção social de um mundo melhor, que possa dialogar com os movimentos sociais e ser fonte de novas energias mobilizadoras.

Concluindo, como sócio-fundador e ex-presidente, com enorme alegria vejo realizadas e até mesmo superadas na realidade atual de nossa instituição as melhores aspirações que tínhamos naquele momento fundacional da Soter quarenta anos atrás.